DIE ROMANISCHEN KIRCHEN IN KÖLN

Führer zu Geschichte und Ausstattung

ROMANISCHE KIRCHEN MOBIL
Zu den Romanischen Kirchen sind Informationen über das Smartphone abrufbar. Näheres unter www.romanischekirchen.pausanio.de oder scannen Sie diesen QR-Code:

Bibliografische Information der Deutschen Nationalbibliothek
Die Deutsche Nationalbibliothek verzeichnet diese Publikation in der Deutschen Nationalbibliografie; detaillierte bibliografische Daten sind im Internet über http://portal.dnb.de abrufbar.

3. Auflage 2020

Redaktion und Lektorat: Frauke Severit, Berlin
Umschlaggestaltung: Petra Drumm, Köln
Layout: Ralf Reiche, Weusthoff & Reiche Design, Köln
Reproduktionen: Reprowerkstatt Wargalla GmbH, Köln
Druck und Bindung: Belvédère, Niederlande

ISBN 978-3-7510-1224-9 Buchausgabe
ISBN 978-3-7510-1227-0 EPUB
ISBN 978-3-7510-1228-7 PDF
ISBN 978-3-7510-1229-4 MOBI

Aktuelle Programminformationen finden Sie unter
www.bachem.de/verlag

Hiltrud Kier

DIE ROMANISCHEN KIRCHEN IN KÖLN

Führer zu Geschichte und Ausstattung

Herausgeber: Förderverein
Romanische Kirchen Köln e.V.
Vorsitzender Helmut Haumann

J.P. BACHEM EDITIONEN

INHALT

6 VORWORT

8 KÖLN UND DIE ROMANISCHEN KIRCHEN

26 ST. ANDREAS

42 ST. APOSTELN

58 ST. CÄCILIEN

74 ST. GEORG

86 ST. GEREON

102 ST. KUNIBERT

118 ST. MARIA IM KAPITOL

134 ST. MARIA LYSKIRCHEN

150 GROSS ST. MARTIN

162 ST. PANTALEON

178 ST. SEVERIN

194 ST. URSULA

210 LITERATURHINWEISE
216 ABBILDUNGSNACHWEIS

VORWORT

Dieser Kurzführer sammelt wie in einem Brennglas die vor allem in Colonia Romanica, den Jahrbüchern unseres Fördervereins vorgestellten und auch die später hinzugekommenen Ausstattungen unserer großen Romanischen Kirchen, und fokussiert gezielt die einzelnen Sakralbauten. Dabei werden die noch vorhandenen Werke aus der Zeit des Mittelalters, der Renaissance, des Barocks und des Historismus ergänzt um die neuen Artefakte des 20. Jahrhunderts, für die es noch keine zusammenfassende monografische Darstellung gibt, auch wenn in der umfangreichen Darstellung des Wiederaufbaus von Ulrich Krings und Otmar Schwab (Stadtspuren Band 2) vieles vor allem in den Dokumentationen zu finden ist. Die aus der Liturgie erwachsenen und in sie eingebundenen Kunstwerke sind von Anbeginn bis heute Teil der zur Glaubensverkündigung lebendig gebliebenen Kirchen, zu denen auch die immer noch gewidmete Kirche St. Cäcilien gehört, in der das Museum Schnütgen seine Kirchenschätze im passenden Rahmen präsentieren kann.

Die allgemeine baugeschichtliche und städtebauliche ituation wird in der Einleitung skizziert, wobei es wichtig ist, dass im Zusammenhang mit der erfreulichen Diskussion um die »Via Sacra« manche Planungseuphorien auf den Boden der historischen Notwendigkeiten zurückgeführt werden.

In diesem »Hand«-Buch im wahrsten Sinne des Wortes folgt der einleitenden Baugeschichte der Kirchen jeweils ein Grundriss mit den durch Zahlen markierten Standorten der allgemein zugänglichen oder sichtbaren Objekte, die dann im nachfolgenden Katalog in gebotener Kürze erläutert werden. Wer umfangreichere Informationen wünscht, sei ausdrücklich auf die in fast allen Kirchen erhältlichen speziellen Kirchenführer hingewiesen sowie auf die im Anhang dieses Nachschlagewerks genannte weiterführende Literatur. Eine mediale Form der Kurzinformation bietet daneben die Handy-App des Fördervereins Romanische Kirchen e.V. Über das eigene Smartphone können Inhalte zu zehn der zwölf Romanischen Kirchen heruntergeladen werden. Näheres findet sich unter www.romanischekirchen.pausianio.de. Zusätzlich muss natürlich das umfangreiche Programm an Veranstaltungen erwähnt werden, das unser Förderverein in den Romanischen Kirchen anbietet – für unsere Mitglieder und natürlich für alle, die es gerne noch werden möchten.

HELMUT HAUMANN, SENATOR E.H.
Vorsitzender des Fördervereins Romanische Kirchen Köln e.V.

KÖLN UND DIE ROMANISCHEN KIRCHEN

Der Schutz der himmlischen Heerscharen

Kölns Blütezeit ist unbestritten das 10. bis 15. Jh. Damals entwickelte sich die Stadt zu jener mittelalterlichen Metropole, die sie zum damals größten und wichtigsten Gemeinwesen nördlich der Alpen machte und den bleibenden Klang des Begriffes Köln ausmacht, der so anschaulich in einem Lobgedicht dieser Zeit aufklingt: »Coellen, des Rheines stolze Königin«. Ein wesentlicher Faktor dabei waren die »himmlischen Heerscharen«, die systematisch zur höheren Ehre Gottes und der Stadt Köln eingesetzt wurden. Dieser ständig vermehrte

ST. GEREON. KONFESSIO, UM 1191, MIT DEN DREI SARKOPHAGEN FÜR DIE RELIQUIEN DER THEBÄISCHEN LEGION
LINKS: DETAIL DER GOLDENEN KAMMER IN ST. URSULA

Reliquienschatz von Heiligen war das Kölner Hauptkapital. Seine Steigerung geschah durch zahllose Schenkungen von den Petrusreliquien durch Erzbischof Bruno über die des hl. Albinus durch Kaiserin Theophanu bis zum Höhepunkt der »Übertragung« der Gebeine der Hll. Drei Könige durch Erzbischof Rainald von Dassel. Zusätzlich gab es die innerstädtische Reliquienvermehrung durch **Heiligsprechung** der eigenen Bischöfe, wie z. B. Severin, Kunibert oder Heribert, deren Gebeine dann in kostbaren Schreinen zur Ehre der Altäre erhoben wurden. Vor allem aber war der Kölner Boden mit seinen umfangreichen römischen Friedhöfen und Bestattungen ein schier unerschöpfliches Reservoir an Gebeinen, deren heiligmäßige Verehrung durch die entsprechenden Legenden und Interpretationen sichergestellt werden konnte. Dabei ist zweifellos viel von tatsächlich auch hier stattgefundenen Martyrien während der frühen Christenverfolgungen in diese Märtyrerlegenden eingeflossen. Die Möglichkeit aber, Märtyrer ganzer Legionen (der Thebäischen und der Mauretanischen) (vgl. St. Gereon) oder eines Gefolges von 11.000 Jungfrauen mit etwa ebenso vielen männlichen Beschützern zu haben (vgl. St. Ursula), war vermutlich nur in Köln gegeben, weil die Realien vorhanden waren und zusätzlich die geistliche und weltliche **Macht und Deutungshoheit**, diese entsprechend zu interpretieren. Köln wurde dadurch eines der wichtigsten Zentren der abendländischen **Wallfahrt**. Scharen von Pilgern kamen zu den heiligen Stätten mit den unermesslichen Reliquienschätzen und mehrten damit auch die Wirtschaftskraft der Stadt. Da der Verkauf von Reliquien offiziell untersagt war, entwickelte sich in Köln als Handelsware eine hochqualifizierte **Goldschmiedekunst**, die die begehrten Reliquienbehälter (natürlich mit Inhalt) vertrieb. Es war dieses ausgesprochene Handelsgeschick, die Anpassung an spezielle Möglichkeiten von Vertriebsformen und insgesamt jene mit leichter Hand geübte Verbindung von Gott und Geld, die die Grundlage der Kölner Machtposition ausmachte. Ein ganz wesentlicher Faktor war dabei das architektonische **Erscheinungsbild der Stadt**, das in all diesen Jahrhunderten intensiv gepflegt und gesteigert wurde. Die seit der Römerzeit dominante Ausrichtung zum Rhein wurde nicht nur beibehalten, sondern gesteigert, was nicht zuletzt damit zusammenhängt, dass dieser größte mitteleuropäische Fluss die Hauptverkehrs- und -handelsstraße war (und geblieben ist). Das einzigartige Erscheinungsbild von Köln mit seinen zahlreichen Kirchen, der respektheischenden türmebewehrten Stadtmauer, den beeindruckenden Lagerhäusern und den imponierenden Wohn- und Geschäftshäusern wurde seit dem Spätmittelalter in zahllosen Stadtansichten vom Rhein aus festgehalten. Diese Bilder vermitteln auch heute noch den großartigen Eindruck, den die Stadt auf Handelspartner und Pilger machte, die sich ihr in den meisten Fällen von dem großen Fluss her näherten.

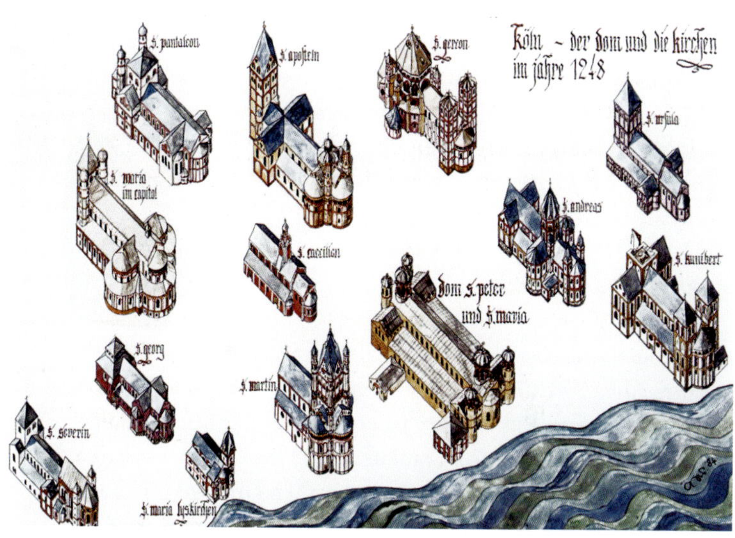

ROMANISCHER DOM UND ROMANISCHE KIRCHEN, 1248.
AQUARELLIERTE ZEICHNUNG VON ARNOLD WOLFF, 1984

Die politischen Erzbischöfe

Die Vormachtstellung auf wirtschaftlichem und kulturellem Gebiet hatte seine Grundlage in der bereits mit **Hildebold (Bischof seit 787, Erzbischof 795–818)** begonnenen politischen Bedeutung der Kölner Kirchenfürsten, deren Bischofskirche, der Dom, vom 9. bis 13. Jh. die zentrale und dominante romanische Kirche in Köln ist, um die sich der Kranz der Romanischen Kirchen schart und auf den sich alle Kirchen beziehen. Durch die Verbindung von geistlicher und weltlicher Herrschaft der Erzbischöfe, bei gleichzeitiger Oberhoheit über die Stadt Köln, ergab sich die reichlich genutzte Möglichkeit der Erlangung von Privilegien und Vorteilen, die die wirtschaftliche Macht von Köln begründeten. **Erzbischof Bruno (953–65)**, der jüngere Bruder von Otto I. dem Großen, war gleichzeitig Herzog von Lothringen. Er konnte bis zu seinem frühen Tod nur zwölf Jahre in Köln wirken, aber diese waren für die weitere Entwicklung von besonderer Bedeutung. Unter seiner Herrschaft wurde durch Befes-

ROMANISCHER DOM,
ABBILDUNG IM HILLINUS-CODEX, 11. JH.

tigung der Rheinvorstadt erstmals das Stadtgebiet vergrößert (vgl. Abb. S. 18 und 23). Die Erweiterung seiner Bischofskirche auf fünf Schiffe und ihre besondere Ausstattung mit Reliquien des Titelheiligen Petrus war für den Dom von nachhaltiger Bedeutung. Über Brunos weitere Kirchenstiftungen sind wir aus seinem ausführlichen Testament, das sicher auch als Aufschluss über seine unausgeführten Planungen verstanden sein will, gut unterrichtet. Darin sind außer dem Dom und seiner Grabeskirche St. Pantaleon noch die Kölner Kirchen St. Severin, St. Kunibert, St. Andreas, Groß St. Martin, St. Maria im Kapitol, St. Cäcilien und St. Ursula bedacht worden. Das sächsische Kaiserhaus der Ottonen endet offiziell mit Kaiser Heinrich II. (1002–24), der sich baulich nicht in Köln, sondern in Bamberg engagierte, wo er den Dom als seine Grabeskirche förderte. Auf den Kölner erzbischöflichen Stuhl hatte Heinrich II. seinen Vertrauten **Erzbischof Pilgrim (1021–36)** gesetzt, der Köln große Vorteile verschaffte mit seiner pragmatischen Einstellung zur problematisierten Ehe von Heinrichs Nachfolger, dem Salier Konrad II., mit Gisela. Der Erzbischof von Mainz, seit der Krönung Ottos I. in der Aachener Pfalzkapelle praktisch zuständig für die Krönungen der deutschen Könige, hielt diese Ehe wegen zu naher Verwandtschaft als kanonisch anfechtbar und weigerte sich, Gisela zur deutschen Königin zu krönen. Pilgrim erkannte seine Chance, übersah die genannten Probleme großzügig und krönte Gisela umgehend zur deutschen Königin. Dieser Zugriff sicherte in der Folge den Kölner Erzbischöfen das Krönungsrecht und damit die politische Vorrangstellung unter den deutschen Bischöfen, was die Position der Stadt in jeder Hinsicht stärkte. Pilgrim ist in Köln vor allem mit dem Bau von St. Aposteln präsent, wo er 1021 ein Herrenstift gründete und seine Grabeskirche stiftete, mit dem besonderen Bezug zu Paulus, dem zweiten Apostelfürsten. Vor allem aber ist es die für das frühe 11. Jh. ungeheure Dimension dieser Kirche, die den sichtbaren Vergleich mit dem Petrus-Dom aufdrängt, in dessen Konkurrenz dieser »Grabbau« für Erzbischof Pilgrim ebenso konzipiert war, wie er natürlich auch die Grabeskirche St. Pantaleon für Erzbischof Bruno und Kaiserin Theophanu im Blick hatte. Dies zeigt, dass den Kirchengründungen dieser Zeit nicht nur eine sakrale Tendenz, sondern ganz deutlich auch eine profan-politische innewohnte. Im Reich hatten zwar die Salier mit Konrad II. (1024–39) die Ottonen in der Herrschaft abgelöst, in Köln dagegen waren diese mit einer wichtigen Seitenlinie noch sehr präsent. Der Nachfolger Pilgrims, **Erzbischof Heriman II. (1036–59)**, war über seine Mutter Mathilde ein Enkel Kaiser Ottos II. und der Kaiserin Theophanu. Seine zahlreichen Schwestern, die fast alle Äbtissinnen wurden, zählen zu den wichtigsten Kirchengründerinnen des 11. Jh. Für Köln ist dabei ganz besonders Äbtissin Ida von Bedeutung, die in engem Zusammenwirken mit ihrem erzbischöflichen Bruder mit dem Bau der Kirche St. Maria im Kapitol eine der wichtigsten Architekturschöpfungen initiierte, in der auch noch die einzigartige Bildertür erhalten blieb. Nachfolger Herimans auf dem Kölner Bischofsstuhl war **Erzbischof Anno II. (1056–75)**, dessen geistliches Leben und politisches Wirken durch zahlreiche schriftliche Quellen überliefert ist. Nicht zuletzt ist seine ausführliche Lebensbeschreibung (Vita Annonis), die als Grundlage seiner Heiligsprechung im Jahre 1183 diente, trotz ihres zielgerichtet propagandistischen Charakters eine wichtige Quelle. Für die Kunstgeschichte besonders interessant sind in diesen Quellen die Erwähnungen zu Annos Kirchengründungen und Baumaßnahmen vor allem in Köln. Er ließ nicht nur an St. Gereon einen neuen Langchor mit Krypta anbauen und an Groß St. Martin u. a. Chortürme, sondern errichtete die Stiftskirchen St. Maria ad gradus östlich des Domes (abgebrochen 1817) und St. Georg, aus deren Gründungsphase das monumentale Kruzifix stammt. Auf den Zusammenhang der überragenden Qualität der Ausmalung von St. Gereon (vgl. Nr. 22) mit der bedeutenden Buchmalerei dieser Zeit kann nur kurz hingewiesen werden. Erzbischof Anno II. ließ sich in Siegburg bestatten, da es 1074, ein Jahr vor seinem Tod, zu einem Aufstand der Bürgerschaft gegen ihn gekommen war. Allerdings führte man seinen Leichnam in einer Prozession acht Tage lang durch die gesamte Stadt und bahrte den toten Erzbischof in den wichtigsten Kirchen auf: im Dom, in Groß St. Martin, St. Maria im Kapitol, St. Cäcilien, St. Georg, St. Severin, St. Pantaleon, St. Aposteln, St. Gereon, St. Andreas, St. Ursula, St. Kunibert, St. Maria ad gradus, nochmals im Dom, dann in St. Heribert, von wo aus er nach Siegburg gebracht wurde. Hier bettete man seine Gebeine nach der Heiligsprechung 1183 in den kostbaren Annoschrein. Der Leichenzug Annos von 1075 durch die großen Kirchen wird verschieden gedeutet. Seinen Gegnern galt er als eine unerträgliche Demonstration der weltlichen Macht des Erzbischofs, für seine Anhänger dagegen war er beinahe eine Reliquienprozession, die dem geistigen Schutz der Stadt Köln dienen und die Heiligsprechung Annos vorbereiten sollte. Beides aber wies in die unmittelbare Zukunft, die ebenso geprägt ist vom Unabhängigkeitsstreben der Kölner Bürgerschaft wie von der sich steigernden Reliquienbegeisterung. Der Aufstand der Kölner Bürgerschaft gegen Erzbischof Anno II. im Jahr 1074 markiert den Beginn der zweihundert Jahre währenden Auseinandersetzungen der Kölner gegen das erzbischöfliche Regiment, das schließlich mit der Schlacht von Worringen im Jahre 1288 erfolgreich abgeschüttelt werden konnte. Dabei verstand es die Kölner Bürgerschaft geschickt, sich die politischen Auseinandersetzungen im Reich zunutze zu machen, um das eigene Gemeinwesen zu befördern. Sichtbarstes Kennzeichen war die mit Genehmigung von Kaiser Heinrich IV. erfolgte **Erweiterung der Stadt von 1106**, indem jeweils halbkreisförmig nach Norden, Westen und Süden größere bereits besiedelte Flächen durch Befestigungsanlagen gesichert wurden (vgl. Abb. S. 18 und 23). Damit waren vor allem die Stifte St. Aposteln, St. Georg, St. Andreas, St. Ursula und St. Kunibert in den schützenden Stadtbereich einbezogen. Insbesondere das Stift St. Ursula erlebte dadurch einen ungeheuren Bedeutungszuwachs durch die beim Bau der neuen Umwallung gefundenen Gebeine, die den Neubau dieser Kirche 1106–35 auslösten.

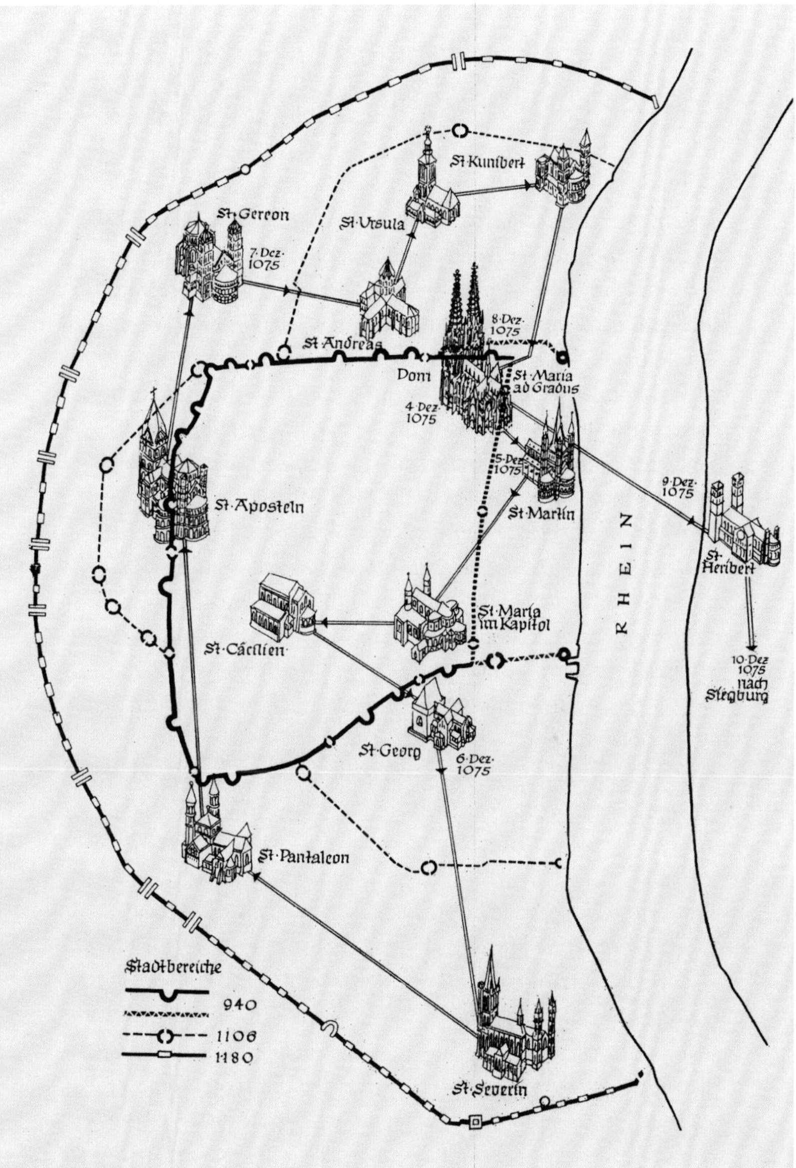

ERZBISCHOF ANNOS LEICHENZUG, 4.–11.12.1077 (MONUMENTA ANNONIS)

»Das große Jahrhundert Kölnischer Kirchenbaukunst« (1150–1250)

So nannte Werner Meyer-Barkhausen so überaus treffend die Phase der Spätromanik der Stauferzeit in Köln. Und tatsächlich erfolgten in dieser Zeitspanne die umfangreichen **Neu-, Um- und Erweiterungsbauten** fast aller Stifts- und Klosterkirchen: der Neubau von Groß St. Martin, die Seitenschiffe in St. Pantaleon, der Umbau von St. Cäcilien, die Chorneubauten und Umbauten von St. Aposteln, St. Gereon und St. Severin, die Einwölbung und der Bau des Westchores in St. Georg, der Umbau der westlichen Turmgruppe und die Einwölbung in St. Maria im Kapitol sowie schließlich die Neubauten von St. Andreas, St. Maria Lyskirchen und St. Kunibert. Damit war das weitgehend bis heute erhaltene architektonische Erscheinungsbild dieser Kirchen geschaffen.

MITTLERER TEIL DER STADTANSICHT, VON ANTON WOENSAM, 1531

MEISTER DER KLEINEN PASSION,
MARTYRIUM DER HL. URSULA VOR DER STADT KÖLN, 1411

Von der damals homogen zugehörenden **Ausmalung** hat sich aber leider nur wenig erhalten: am meisten in den Gewölben von St. Maria Lyskirchen, in der Apsis und der Taufkapelle von St. Gereon sowie in St. Kunibert. Nur noch Ausmalungsreste sind in St. Georg, St. Pantaleon und St. Cäcilien zu sehen. Aber nicht nur Decken und Wände erhielten eine aufwendige figürliche Gestaltung, sondern auch die Fußböden waren mit farbigen Platten- und Stiftmosaikböden geschmückt, wie sich umfangreich in St. Gereon, in Teilen in St. Severin und in Resten in Groß St. Martin und St. Pantaleon erhalten haben. Romanische **Bauskulptur** war dagegen in Köln nicht übermäßig vertreten. Außer der reicheren Ausstattung in Kapitellen und Wandfriesen in St. Andreas, sind es nur die Löwenportale in dieser Kirche sowie bei Groß St. Martin, St. Georg und möglicherweise in St. Gereon. Der Neubau des gotischen Domes ab 1248 war nicht ohne Auswirkung auch auf die Stifte geblieben, wie insbesondere die **gotischen Chöre** an St. Andreas und St. Ursula zeigen.

Zu der großen Fülle sakraler Bauten gehörte ursprünglich eine ebensolche Fülle bedeutender **Profanbauten**, von denen nur wenige erhalten sind, wie z. B. das romanische Overstolzenhaus in der Rheingasse und Teile der Stadtmauer und ihrer Torburgen, die das größte Bauunternehmen des 12./13. Jh. im Profanbereich war und ab 1180 als Kölns dritte Stadterweiterung in einem großen, etwa sieben Kilometer langen Halbrund die Stadt umschloss und so auch die rei-

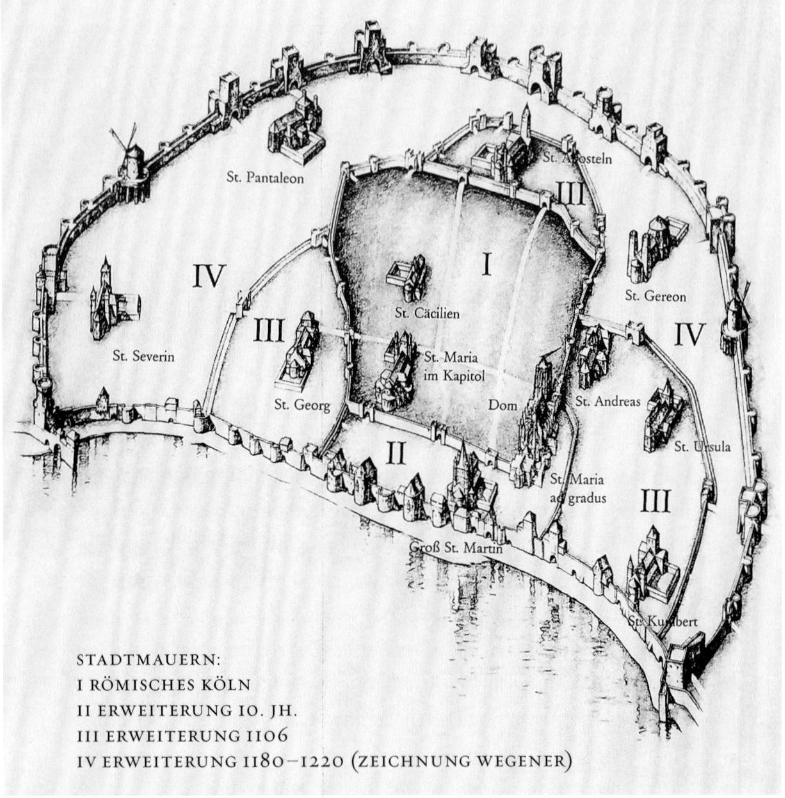

STADTMAUERN:
I RÖMISCHES KÖLN
II ERWEITERUNG 10. JH.
III ERWEITERUNG 1106
IV ERWEITERUNG 1180–1220 (ZEICHNUNG WEGENER)

chen Stifte St. Severin und St. Gereon und vor allem die Benediktinerabtei St. Pantaleon in den Schutz der Stadt einbezog. Köln war damit zur flächenmäßig größten Stadt des deutschen Mittelalters geworden, die allerdings innerhalb ihrer Mauern umfangreiche landwirtschaftlich genutzte Flächen vor allem der großen Stifte und Klöster besaß (vgl. Abb. vorderer Umschlag). Zu den bedeutenden Profanbauten der Stadt zählten natürlich auch die Konventbauten, die gerade in der großen Umbauphase des 12./13. Jh. eine besonders repräsentative Ausgestaltung erfahren hatten. Bedauerlicherweise ist aber als Folge der Säkularisation von 1802 gerade davon nichts erhalten geblieben. Während die großen Stifts- und Klosterkirchen damals fast alle als Pfarrkirchen bewahrt wurden, gab es für die umfangreichen Klausurbauten leider auf Dauer keine andere Lösung als den Abbruch.

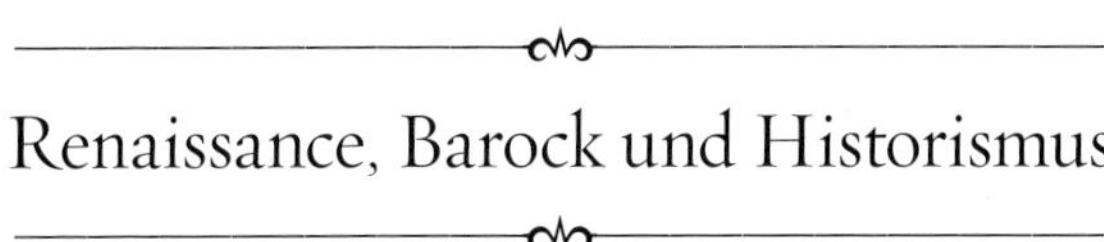

Renaissance, Barock und Historismus

Ende des 15. und im 16. Jh. gab es umfangreiche Neuausstattungen in den Kirchen, von denen mit den zahlreichen Skulpturen des Meisters Tilman oder den Altargemälden der Familie Bruyn in fast jeder der Romanischen Kirchen erfreulich viel erhalten geblieben ist. Höhepunkte der Renaissance-Epoche sind natürlich der Lettner in St. Maria im Kapitol und der Altar in der Krypta von St. Gereon. Köln war 1475 offiziell Freie Reichsstadt geworden, nachdem bereits nach der **Schlacht von Worringen 1288** die Zeit der Erzbischöfe als politisch wirkende Stadtherrn beendet war und sie ihre Residenz in Bonn und Brühl nehmen mussten. Zusätzlich waren 1424 die Juden endgültig aus der Stadt vertrieben worden sowie im 16. Jh. die Protestanten. All dies führte dazu, dass Köln im 17./18. Jh. eine Periode der Stagnation erlebte, die keine größeren Neubauvorhaben erlaubte. So wurden die mittelalterlichen Kirchen beibehalten und nur mit neuen Barockaustattungen versehen, die aber fast restlos im 19. Jh. entfernt wurden. Nur in St. Pantaleon ist noch in größerem Umfang die barocke Chorgestaltung vorhanden, und in St. Maria im Kapitol zeigen die Ausmalungsreste an den Pfeilern die große Qualität dieser Epoche, von der sonst meist nur noch einzelne Figuren übrig blieben und Grabsteine, die in diesem Führer aber nicht im Detail behandelt wurden. 1794 beendeten die Franzosen in Köln die alte Zeit mit einer Fülle revolutionärer Neuerungen. Die für die Stifts- und Klosterkirchen einschneidendste war die **Säkularisation von 1802** mit der Aufhebung der Konvente und die Umwandlung ihrer Kirchen zu Pfarrkirchen, die dann in der Epoche des Historismus umfassend neu ausgestattet wurden, wovon ebenfalls nur geringe Reste erhalten sind.

Zweiter Weltkrieg und Neuaufbau

Der Zweite Weltkrieg beschädigte auch die Romanischen Kirchen überwiegend sehr schwer. Nur St. Maria Lyskirchen blieb weitgehend erhalten, allein das Dach war zerstört. Erhalten aber blieben in fast allen Fällen die Pfarrgemeinden, die umgehend Trümmer beseitigten und **Notkirchen** einrichteten, wo immer Räume möglich waren. So wurden in St. Andreas und St. Ursula die Vorhallen dafür genutzt, in St. Gereon die Krypta, in St. Kunibert und St. Pantaleon das südliche Seitenschiff und in St. Maria im Kapitol das nördliche, in St. Georg zuerst die Krypta und dann der Westchor samt Westjoch. In St. Aposteln wurde ans südliche Seitenschiff eine Notkirche angebaut, die dann 1955 durch die heute noch bestehende Werktagskirche, die Dr.-Josef-Könn-Aula, ersetzt wurde.

ST. GEREON, 1945

ST. MARIA IM KAPITOL, 1948

LINKS: GROSS ST. MARTIN. FARBIGE ZEICHNUNG, 1919
(KÖLN. STADTMUSEUM)
RECHTS: GROSS ST. MARTIN, 2012

Der Aufbau vollzog sich in unterschiedlicher Weise, wobei die besondere Leistung der Statiker Wilhelm Schorn und Otmar Schwab zu betonen ist. In nahezu keinem Fall war es aber zu einem »Wieder«-Aufbau gekommen, da man in der Beschädigung die Chance zur möglichst restlosen Entfernung der ungeliebten Kunst des Historismus sah. Die Purifizierungen und der Neuaufbau ließen davon ganz allgemein nur einzelne Reste. Stein- und Putzsichtigkeit waren die Maxime, verbunden mit Farbfenstern und erhaltenen mittelalterlichen Ausstattungsstücken (die barocken kamen erst später wieder dazu und die des Historismus erst langsam). Die Liturgiebewegung und das Zweite Vatikanische Konzil ermöglichten manche neue Gestaltung in den Kirchen, die erfreulicherweise immer noch Stätten des lebendigen Gottesdienstes sind.

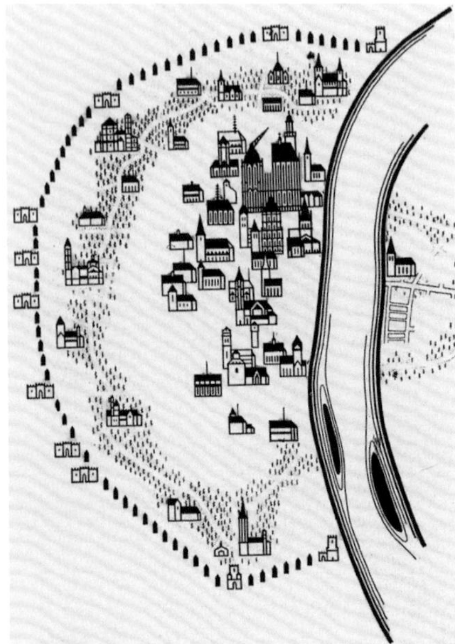

PLAN VON RUDOLF SCHWARZ, 1950

Die Via Sacra

Das Dritte Reich fand auch in Köln statt und mit ihm der Zweite Weltkrieg, an dessen Beginn die deutsche Militär-Strategie stand, den Feind in seiner kulturellen Identität zu vernichten. Die **Flächenbombardements** auf die City von London, auf den Altstadtkern von Rotterdam und schließlich die systematische Zerstörung der Warschauer Altstadt sind nur einige der Beispiele. Dass diese Strategie auf die deutschen Städte zurückschlagen könne, war der deutschen Bevölkerung nicht gegenwärtig, die zunächst mehrheitlich die Blitzerfolge der Deutschen Wehrmacht bejubelte. Köln war dann aber eine der Großstädte, die der militärische Rückschlag besonders traf. Beginnend vor allem mit dem 1.000-Bomber-Angriff am 30./31. Mai 1942 bis zum letzten großen Angriff am 2. März 1945 vor der Einnahme der Stadt vier Tage später, wurde insbesondere die bis zu den Ringen

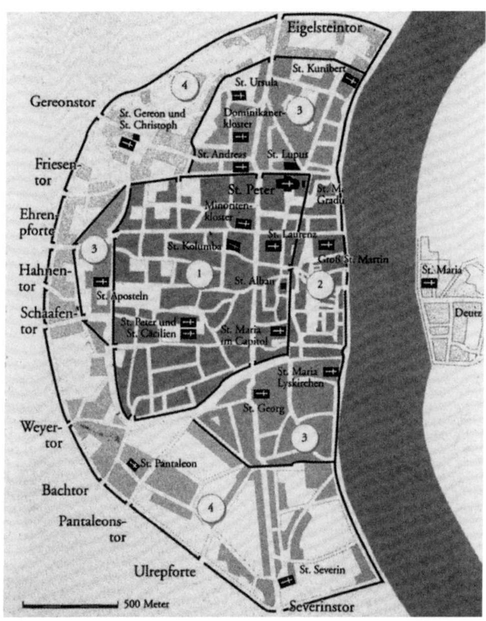

STADT-ERWEITERUNGEN

reichende Altstadt, die kulturelle Identität von Köln, so systematisch bombardiert, dass sie bei Kriegsende schwer beschädigt war. Nicht beschädigt aber war weiterhin die Liebe der Kölner Bevölkerung zu ihrer Stadt und ihre erprobte Fähigkeit des Überlebens. Die bereits geschilderte Einrichtung der Notkirchen ist dafür ein beredtes Beispiel.

Rudolf Schwarz, 1946–52 Generalplaner, schuf die Grundlagen für den Kölner Aufbau. Er betonte als kulturelles und wirtschaftliches Herz die »Hochstadt« im Zentrum und forderte für die Altstadt weitgehend die um die Kirchen gelegenen Wohnviertel als »Kirchspiele«. So publizierte er 1950 auch einen Plan, der ganz klar die Dichte und Dominanz der »Hochstadt« im Zentrum betont, aber die Bedeutung auch der peripheren Altstadtviertel aufzeigt. Dazu schrieb er: »Ganz deutlich hebt sich der mittelalterliche Mauerring hervor, der den Stadtkern weit draußen umzog und ihm so einen breiten Gürtel von Obst- und Weingärten beifügte, in dem, an einer via sacra aufgereiht, die großen Stifte lagen.«

PARK AN ST. PANTALEON

Die Dominanz der Ausrichtung zum Rhein seit der Römerzeit führte automatisch zur städtebaulichen Betonung des östlichen Stadtteils und der **Rheinfront als Basis**, die wie eine von Norden nach Süden gespannte Sehne die Bögen aufnehmen konnte, die die mittelalterlichen Stadterweiterungen des 12. Jh. bilden. Der Blick auf den Mercatorplan (vgl. Abb. vorderer Umschlag) zeigt jenen im 12./13. Jh. zwischen den radial angeordneten Stiften und Klöstern entstandenen Verbindungsweg, den Rudolf Schwarz nach den Zerstörungen des Zweiten Weltkrieges wie ein Hoffnungsfanal als Kölns Via Sacra hervorhob und die Wolfgang Pehnt um die Jahrtausendwende erneut in die Diskussion brachte, um auf die erkennbaren städtebaulichen Defizite hinzuweisen. Diese seither wieder erfreulich lebendig gewordene Diskussion hat aber neuerdings auch zu Vorschlägen geführt, die man schlicht als Wunsch nach neuer Bauausnutzung und Verdichtung bezeichnen kann und die Ulrich Krings in seinem kritischen

FRIEDHOF AN ST. GEREON

Beitrag dazu völlig zurecht abmahnte. Genannt seien hier nur **die problematischsten Vorschläge** bei den Romanischen Kirchen: Eine zusätzliche Bebauung auf dem Severinskirchplatz anstelle des Brunnens mit dem Stollwerckmädchen entbehrt jeder Notwendigkeit; die bei St. Pantaleon nach dem Zweiten Weltkrieg bewusst geschaffene großzügige Parkanlage an den Bächen durch eine Bebauung zu minimieren, würde auch den Blick auf den Pantaleonshügel aufheben; bei St. Gereon die denkmalgeschützte niedrige Bebauung u. a. des Kindergartens an der Christophstraße zugunsten einer höheren Bauausnutzung aufzugeben und dabei auch noch den kleinen östlich anschließenden Friedhof mit den Gräbern der im März 1945 Getöteten zu eliminieren, ist der Gipfel an Geschichtsvergessenheit und der größte stadtplanerische Unfug. Die Diskussion um die Via Sacra und die Umgebung aller Romanischen Kirchen mag weitergehen – aber bitte in Kenntnis der historischen Vorgaben und Grundlagen.

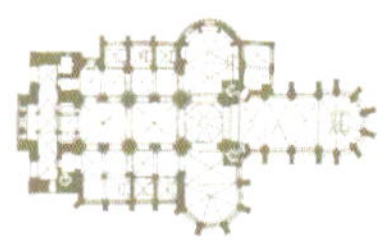

ST. ANDREAS

(ANDREASKLOSTER)

OBEN: HL. ANDREAS, UM 1420
SCHLUSSSTEIN IM CHOR
RECHTS: AUSSENANSICHT VON NORDWESTEN

KRYPTA 1953/54 VON KARL BAND

Baugeschichte

Die **ehemalige Herrenstiftskirche** mit Westbau, Querhaus und Krypta sowie Langchor und Seitenkapellen der Gotik wird seit 1947 von den Dominikanern betreut. Der Standort von St. Andreas ist dem von St. Aposteln oder St. Georg zu vergleichen: Diese drei Kirchen lagen bei ihrer Gründung jeweils direkt vor den Toren der Stadt. Der dem hl. Matthäus geweihte Vorgängerbau lag so nahe am Nordtor vor der nördlichen Stadtmauer, dass seine Stellung mit dem Beiwort »in fossa«, d. h. im Stadtgraben, gekennzeichnet wurde. An dieser frühmittelalterlichen Kapelle St. Matthäus in fossa gründete Erzbischof Bruno (953–65) ein Herrenstift, dessen Kirche durch Erzbischof Gero 974 dem hl. Andreas geweiht wurde, wobei der hl. Matthäus als Nebenpatron beibehalten wurde. Da umfangreichere Ausgrabungen in St. Andreas bisher noch nicht notwendig waren, haben wir vom Aussehen dieser Kirche des 10. Jh. keine Vorstellung, während ein urkundlich nicht nachgewiesener Neubau des 11. Jh. durch

VORHALLE (EHEMALS ÖSTLICHER KREUZGANGFLÜGEL)

die Freilegung der Krypta nach dem Zweiten Weltkrieg zumindest in den östlichen Bauteilen bekannt wurde. Diese nach den Bauformen **1050/60 zu datierende Krypta** ist in den Umfassungsmauern erhalten, während ihre Gewölbe durch den Neubau des gotischen Chores zerstört wurden. Diese Unterkirche erhielt durch Karl Band eine neugestaltete Decke mit flachen Kuppeln, die zum Interessantesten gehört, was die Nachkriegszeit in Köln geschaffen hat. Zusätzlich entstand im Anschluss daran ein neuer konfessioartiger Raum unter der Vierung für den (aus St. Ursula stammenden) römischen Sarkophag, in den man die Gebeine des 1280 gestorbenen hl. Albertus Magnus bettete, die im 19. Jh. aus der nahe gelegenen und abgebrochenen Dominikanerkirche Heilig Kreuz nach St. Andreas gerettet und damals in der dann sogenannten Albertuskapelle an der Südwestseite der Kirche aufgestellt worden waren (heute Rosenkranzkapelle).

Die bestehende romanische Kirche St. Andreas ist eine **um 1190–1220** entstandene dreischiffige gewölbte Basilika mit Westbau und östlichem Querhaus, die an den Ostbau des 11. Jh. (Langchor und Krypta) angefügt wurde. Dabei wurden an die Chorpfeiler als Zugänge zum **achteckigen Vierungsturm** Treppentürme angebaut, die wegen einer Planänderung im Inneren stark in die ursprünglich schmaler geplanten Querschiffarme hervortreten. In die Zwickel zwischen Querarmkonchen und Langchor fügte man doppelgeschossige Anbauten, die im Erdgeschoss **offene Vorhallen** als öffentliche Zugänge zur Kirche hatten. Davon ist nur der nördliche Anbau erhalten, der im Erdgeschoss mit den um 1500 zugemauerten Arkaden als Sakristei und im Obergeschoss als Schatzkammer genutzt wird. Das ehemalige Portal, nun in der Sakristei gelegen, ist mit prachtvoller spätromanischer Bauzier und zwei Löwen geschmückt.

Im Westen schlossen die Stiftsgebäude mit dem **Kreuzgang** an. Da sich der Ostflügel des Kreuzganges innerhalb des Westbaus der Kirche befindet, ist er den Abbrüchen der Säkularisation entgangen und als Vorhalle erhalten geblieben. Ihre Zackenbögen werden gerne als arabischer Einfluss angesehen – wenn sie sich nicht doch einfacher als gebogener Rundbogenfries der Gurtbögen erklären ließen (vergleichbare Formen im Bogenfeld des Portals von St. Maria Lyskirchen). **Das Innere** des gedrungenen Langhauses von St. Andreas zeigt zu Beginn des 13. Jh. eine ungewöhnlich plastische Gestaltung, die sich nicht nur in den z. T. sogar figürlich gestalteten Kapitellen, in dem reichgeschmückten Ranken- und Palmetten-Fries über den Arkaden und in den differenzierten Blendbögen der Triforiumszone zeigt, sondern die gesamte Architektur in ihrer kräftig modellierten Durchbildung erfasst hat. Die Querhausarme erlebten im 15. Jh. umfangreiche Umbauten, nachdem bereits seit dem Ende des 13. Jh. an die Seitenschiffe kontinuierlich **Kapellen** angebaut wurden, in denen sich eine beeindruckende Fülle an mittelalterlicher Wandmalerei vor allem des 14. Jh. erhalten hat.

Die größte Veränderung des Innenraumes aber erfolgte in den Jahren 1414–20, als die Krypta aufgegeben und der Langchor des 11. Jh. durch ein »moderneres« **gotisches Glashaus** ersetzt wurde, wie es zuvor schon in vergleichbarer Weise in St. Ursula geschehen war. Engel- und Prophetenkonsolen sowie figürliche Gewölbeschlusssteine, die u. a. die hll. Andreas (vgl. Abb. S. 26) und Matthäus zeigen, schmücken den Chor.

Die Stiftskirche St. Andreas wurde nach der **Säkularisation (1802)** von der Pfarre St. Paul übernommen, deren Kirche abgebrochen wurde. Eine Tafel am Chor von St. Andreas weist auf deren ehemaligen Standort hin. Aus St. Paul stammen das Triptychon (vgl. Nr. 22) sowie vermutlich der Taufstein (vgl. Nr. 43). Außerdem kamen Ausstattungsteile aus den ebenfalls im 19. Jh. abgebrochenen Kirchen St. Makkabäer (vgl. Nr. 3, 16) und Heilig Kreuz (vgl. Nr. 7, 12, 18, 24, 25, 31, 36, 52, 55).

Insgesamt war die Kriegsbeschädigung von St. Andreas erfreulicherweise wesentlich geringer als bei den anderen Altstadt-Kirchen. St. Andreas war sogar von **1947–48 Ersatzkathedrale**, bis der Dom wieder nutzbar war.

Die kleine Platzfläche rund um die Kirche, **Andreaskloster**, erinnert an den Kreuzgang. Auf der gegliederten Platzfläche steht die achtteilige geschmiedete Stahlskulptur von Ansgar Nierhoff »Lichtung zu Einem« von 1992. An der Südseite der Kirche sind die 1954/55 von Karl Band errichteten schlichten Backsteinbauten des hier neu angesiedelten **Dominikanerklosters**. 2005–10 schuf **Markus Lüpertz** die zwölf Farbfenster im Makkabäer- und Marienchor, gestiftet vom Förderverein Romanische Kirchen (vgl. Nr. 17, 34), der 2020/21 in den Kapellen weitere Fenster dieses Künstlers ermöglicht.

INNENANSICHT NACH OSTEN

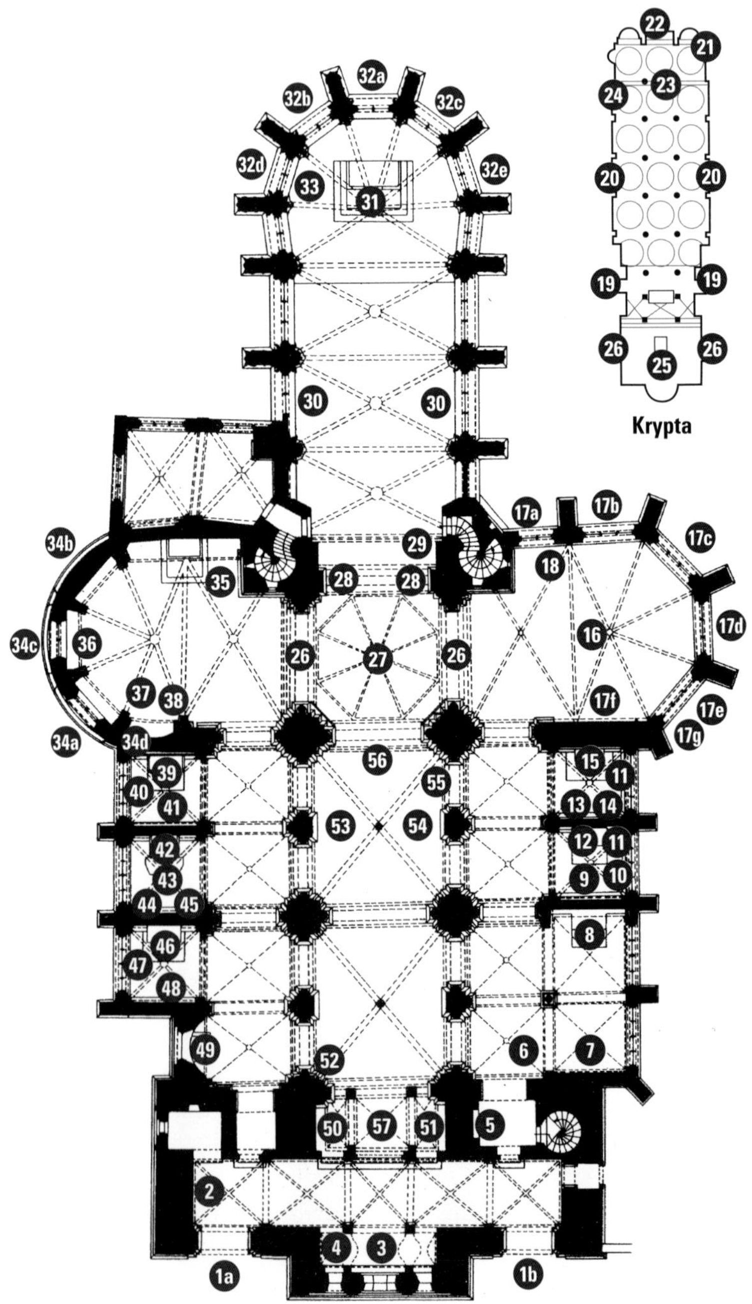
22
21
23
24
20
20
19
19
26
26
25
Krypta
32a
32b
32c
32d
32e
33
31
30
30
17a
17b
17c
17d
17e
17f
17g
18
16
29
28
28
34b
35
34c
36
26
27
26
37
38
34a
34d
56
55
15
11
39
40
41
13
14
53
54
42
12
11
43
9
10
44
45
8
46
47
48
6
7
49
52
50
57
51
5
2
4
3
1a
1b

1a Nordwestportal, um 1855
1b Südwestportal, 1963
2 Kruzifix, um 1520/30
3 Blutbrunnen, A. 16. Jh.
4 Hl. Andreas, 2. H. 17. Jh.
5 Erzbischof Bruno, um 1951
6 Hl. Christophorus, um 1500
7 Rosenkranzbruderschaft, um 1500/10
8 Kreuzigung, um 1550
9 Christus, 1624
10 Zierfries, 1. H. 14. Jh.
11 Zwei Beichtstühle, 2. H. 17. Jh.
12 Rosenkranzspende, 1621
13 Reliquienbüste, um 1911
14 Krönung Mariens, 14. Jh.
15 Christus, 1. H. 14. Jh.
16 Makkabäerschrein, 1520/27
17 Fenster, 2005–08
18 Ehemaliger Haupteingang
19 Malerei, 14. Jh.
20 Kreuzweg, 1958
21 Pietà, 20. Jh.
22 Kreuzigung, 1550–70
23 Altar u. a., um 1980
24 Thomas v. Aquin, 2. H. 16. Jh.
25 Grab Albertus Magnus
26 Fenster, 1954
27 Altar u. a., 1954/62
28 Engelsköpfe, 1650/60
29 Sakramentshaus, um 1550
30 Chorgestühl, um 1420/30
31 Schrein, um 1450
32 Fenster, 1899 u. 1917/18
33 Reliquienschrank
34 Fenster, 2009–10
35 Hl. Andreas, 1658–62
36 Pietà, um 1380
37 Büste, um 1260/70
38 Heilige, E. 15. Jh.
39 Auferstehung, 1551
40 Bronze-Tafel
41 Jüngstes Gericht, 1573
42 Kreuzigung, 1. H. 14. Jh.
43 Taufstein, A. 13. Jh.
44 Wandmalerei, um 1900
45 Dionysiusaltar, 1613
46 Marienleben, 1. H. 14. Jh.
47 Hl. Georg, 1. H. 14. Jh.
48 Hl. Christophorus, 1. H. 14. Jh.
49 Hl. Joseph, 1895–1900
50 Verkündigung, 1951
51 Reliquienbüsten, um 1650
52 Hl. Michael, um 1490
53 Jüngstes Gericht, 15. Jh.
54 Apostel Paulus, 15. Jh.
55 Madonna, vor 1475
56 Kreuzigungsgruppe, 16./19. Jh.
57 Orgel, 1995

1a **Nordwestportal, um 1855**. 1b **Südwestportal, 1963, von Karl Matthäus Winter** mit Reliefszenen aus dem Alten und Neuen Testament (u. a. Opferung Isaaks, Verkündigung und Geburt Jesu, Hll. Drei Könige, Kreuzigung, Auferstehung und Pfingstfest). 2 **Kruzifix, um 1520/30**, Holzskulptur (vgl. Abb. S. 29). 3 **Sogenannter Blutbrunnen, Anfang 16. Jh., aus St. Makkabäer** (vgl. Abb. S. 29). Das steinerne Reliquiar soll der Legende nach das Blut der 11.000 Jungfrauen enthalten haben, die mit der hl. Ursula den Märtyrertod erlitten. 4 **Hl. Andreas, 2. Hälfte 17. Jh.** (vgl. Abb. S. 29) Die Holzskulptur wird dem Werkstattkreis von Jeremias Geisselbrunn zugeschrieben. 5 **Erzbischof Bruno, um 1951, von Wolfram Plotzke**. Wandmalerei (vgl. Nr. 26, 50, 51). 6 **Hl. Christophorus, um 1490/1500, Werkstatt Meister Tilman**, Holzskulptur mit Farbfassung des 19. Jh. 7 **Rosenkranzbruderschaft, um 1500/1510, vom Meister von St. Severin**. Das Triptychon, Öl auf Holz, stammt aus Heilig Kreuz. Der Schutzmantel Marias wird von den Dominikanerheiligen Dominikus und Petrus Martyr über die Mitglieder der Bruderschaft gehalten, zu denen Kaiser Friedrich III., sein Sohn Maximilian und Papst Sixtus IV. gehören. Die ehemaligen Rückseiten der Flügel sind abgetrennt und seitlich montiert: hl. Dorothea (links), hl. Cäcilie (rechts). 8 **Kreuzigungstriptychon, um 1550, Werkstatt von Barthel Bruyn d. Ä.**, Öl auf Holz. Auf den Flügeln das Andreasmartyrium sowie die hll. Urban und Ulrich, dessen Graberde zur Vertreibung von Ratten dienen sollte. Auf den Außenseiten der Flügel: links hl. Gereon und ein hl. Papst (Cornelius ?), rechts die hll. Georg und Gregorius Maurus. Das Triptychon gehört zur ursprünglichen Ausstattung der vor 1539 auf zwei Joche erweiterten Kapelle.

9 **Christus an der Geißelsäule, bezeichnet 1624**, Öl auf Leinwand. Die Verbindung von Geißelung und Ecce Homo ist ungewöhnlich. 10 **Zierfries, 1. Hälfte 14. Jh.** Dieser Rest eines Zierfrieses gehört wohl zum Rahmen eines Bildfeldes. 11 **Zwei Beichtstühle, 2. Hälfte 17. Jh.** 12 **Rosenkranzspende, 1621**. Öl auf Leinwand. Vermutlich aus Heilig Kreuz. Die Medaillons um die Madonna zeigen die jeweils fünf Szenen des freudenreichen (silber), des schmerzhaften (rot) und des glorreichen (gold) Rosenkranzes. 13 **Reliquienbüste hl. Dominikus, um 1911**. 14 **Krönung Mariens und vier Heilige, 1. Hälfte 14. Jh.**, Wandmalerei. 15 **Christus als Weltenrichter, 1. Hälfte 14. Jh.**, begleitet von den hll. Bernhard und Bonaventura. Wandmalerei. 16 **Makkabäerschrein, 1520–27, von Peter Hanemann**. Der aus St. Makkabäer stammende Schrein enthält die 1164 von Reinald von Dassel zusammen mit den Hll. Drei Königen nach Köln gebrachten Reliquien der Makkabäer, deren Martyrium die getriebenen Reliefdarstellungen zeigen und sie in Beziehung zur Passion Christi stellen. 17 **Farbfenster von Markus Lüpertz 2005–08**. 17a **unten: Die hl. Helena findet die Gebeine der Makkabäer, oben: Maria Magdalena begegnet dem auferstandenen Christus**, 17b **unten: einer der gefolterten Makkabäerbrüder, oben: Jesus an der Geißelsäule**, 17c **unten: grausames Martyrium der Makkabäerbrüder, oben: Kreuzigung Christi**, 17d **unten: die Reliquien der Makkabäer und ihrer Mutter Salome, oben: Maria mit dem Kind, darüber das Auge Gottes, die segnende Hand Christi und die Taube des hl. Geistes**, (vgl. Abb. Buchrückseite) 17e **unten: die Makkabäer im siedenden Ölkessel, oben: Kreuzabnahme Christi, am Kreuzfuß Adams Schädel**, 17f **Musikinstrumente, die auf die Liturgie des Himmels weisen**, 17g **Die goldenen Ähren im Zentrum verweisen auf die Eucharistie**.

18 Ehemaliger Haupteingang für die Bürgerschaft, dessen Vorhalle 1842 abgebrochen wurde, während die nördliche Vorhalle als Sakristei genutzt wird (vgl. Nr. 48). Gegenüber Albertus Magnus als Förderer des Dominikanerklosters, Johann Hulsmann, um 1640, Öl auf Leinwand. Stammt aus Heilig Kreuz. **19 (Krypta) Kniende Chorherren mit Lesepulten, 14. Jh.**, Wandmalereien an den beiden Wandpfeilern. **20 (Krypta) Kreuzweg, 1958**, von Rudolf Krüger-Orbeck. **21 (Krypta) Pietà, 20. Jh. 22 (Krypta) Kreuzigungstriptychon, 1550–70**. Die flämische Arbeit, Öl auf Holz, mit den hll. Hieronymus und Franziskus auf den Flügeln, stammt aus der Pfarrkirche St. Paul. Der zu Füßen des Kreuzes kniende Stifter Hermann Aldenkirchen (gest. 1581) war Pfarrer an St. Paul und Stiftsherr an St. Andreas. **23 (Krypta) Altar, Sakramentsstele und Lesepult, um 1980, von Egino Weinert**. **24 (Krypta) hl. Thomas von Aquin, 2. Hälfte 16. Jh.**, Reliefplatte vermutlich aus Heilig Kreuz. **25 (Krypta) Grabstätte Albertus Magnus (gest. 1280)**. 1954 wurden die Gebeine des 1931 Heiliggesprochenen in einem römischen Sarkophag des 3. Jh. hierhin gebettet (vgl. Nr. 31). Die Tafel neben dem Altar enthält den lobenden (lateinischen) Text eines Zeitgenossen über Albertus Magnus. **26 (Krypta) Farbfenster, 1954, von Wolfram Plotzke** mit figürlichen Darstellungen (u. a. Madonna mit Kind) von der Krypta zur Vierung. **27 Altar, 1962, von Karl Band, Sedilien, 1954, von Elmar Hillebrand**. **28 Konsolen mit Engelsköpfen, 1650/60**, von der Abschrankung des 17. Jh., die Jeremias Geisselbrunn zugeschrieben werden. **29 Sakramentshaus, um 1550**, Kalkstein. Reliefs mit Abendmahl und Mannaregen sowie Statuetten der hll. Andreas und Matthäus.

30 **Chorgestühl, um 1420/30**, darüber die Engelkonsolen sowie im Gewölbe die Schlusssteine mit Darstellungen des segnenden Christus, der Madonna mit Kind sowie der hll. Andreas (vgl. Abb. S. 26) und Matthäus. 31 **Reliquienschrein, um 1450**. Der vermutlich aus Niederlahnstein stammende Schrein wurde 1859 für die Aufnahme der Albertus-Magnus-Reliquien restauriert, die er bis 1954 enthielt (vgl. Nr. 25). Seit 1997 enthält er die Armreliquien des hl. Andreas. 32 **Chorfenster, 1899 und 1917/18**. Sie waren im Zweiten Weltkrieg ausgebaut und wurden 1951 wieder eingesetzt. Die seitlichen Ornamentfenster von Vincenz Pieper, 1961. 32a **Die hl. Dreifaltigkeit, 1899**. Gottvater, Christus und die Taube des hl. Geistes werden angebetet von den hll. Maria und Josef sowie Johannes und Albertus Magnus. Darunter unter einer Ansicht des Petersdomes der Papst sowie unter einer Ansicht des Kölner Domes der Kaiser, jeweils mit Begleitung. 32b **Apostel und Heilige, 1899**. Oben sechs Apostel, darunter die hll. Karl Borromäus und Dominikus sowie Engel, ganz unten Verdammte im Fegefeuer. 32c **Apostel und Heilige, 1899**. Oben sechs Apostel, darunter die hll. Elisabeth und Martin sowie Engel, ganz unten Verdammte im Fegefeuer. 32d und 32e **Farbfenster als Kriegsdenkmale, 1917/18**, mit Darstellung von Heiligen, u. a. bei 32d Gereon und Ursula sowie kämpfende Krieger, bei 32e Michael und Barbara mit sterbenden Kriegern. 33 **Reliquienschrank** mit Silberstatuetten der hll. Ignatius und Franz Xaver von 1622, die die ehemalige Verbindung zum benachbarten Jesuitenkloster dokumentieren.

34 Farbfenster von Markus Lüpertz 2009–10. In den beiden Albertus-Magnus-Fenstern sind in Achteckfeldern die dem hl. Albert zugeschriebenen neun Sätze zu einer christlichen Lebensführung thematisiert (von Pater Christoph J. Wekenborg OP) (vgl. Abb S. 216).

34a Albertus-Magnus-Fenster

1. Wenn du bei Lebzeiten mit Andacht Mich für dich oder andere bittest (links), so ist es Mir angenehmer, als wenn nach deinem Tode alle Heiligen im Himmel für dich bitten (rechts).

2. Wenn du in deinem Leben wegen Meinen Leiden eine einzige Träne vergießest (links), so ist es Mir lieber, als wenn nach deinem Tode andere ganze Brunnen voller Tränen für dich vergießen würden (rechts).

3. Wenn du einem Menschen etwas Gutes erzählest oder ein geistliches Buch vorlesest (links), so ist es Mir lieber, als wenn du sieben Jahre lang mit Wasser und Brot fasten würdest (rechts).

4. Wenn du dich für den geringsten Menschen und für den größten Sünder haltest (oben), so ist es Mir lieber, als wenn du über Flüsse Brücken bauest oder alle Fremdlinge umsonst beherbergest (unten).

34b Albertus-Magnus-Fenster

5. Wenn du endlich alle Freuden und Wollüste der Welt Meinetwegen verlassest (rechts), so ist es Mir lieber, als wenn du dich an einer Säule die voller Spitz' und Messern wäre und die bis an den Himmel reichte, auf- und abziehen ließest (links).

6. Wenn du bei der Nacht zum Gebete aufstehest (links), so ist Mir dieses angenehmer, als wenn du zehntausend bewaffnete Männer fortschicktest, gegen die Ungläubigen zu streiten (rechts).

7. Wenn du aus Liebe zu Mir allen deinen Feinden verzeihest (rechts), so ist Mir dies lieber, als wenn du bis St. Jakobus (di Compostela) barfuß auf Dornen gehen und dich beständig geißeln würdest (links).

8. Wenn du bei Lebzeiten einen Pfennig aus Liebe zu Mir austeilst (links), so ist es Mir angenehmer, als wenn deine Nachkommen Säcke voll Geld austeilen, die von der Erde bis an den Himmel reichen (rechts).

9. Wenn du gegenüber keinem Menschen nichts Böses denkest und redest (links), so gefällt Mir dies besser, als wenn du all dein Hab und Gut nach deinem Tod den Armen überschriebest (rechts).

34c Marienfenster mit Darstellung der Pietà.

34d Himmel und Hölle mit Darstellung von hl. Michael und dem Sensenmann.

34e Die himmlischen Heerscharen mit Darstellung stilisierter Engel.

35 **Martyrium des hl. Andreas, 1658–62, von Bernhard Fuckerad**, Öl auf Leinwand. Vom ehemaligen Hochaltar. Der ans Kreuz gefesselte und dennoch predigende Heilige wird nach Tagen der Qual von seinem Martyrium erlöst. 36 **Pietà, um 1380**. Die Holzskulptur stammt vermutlich aus Heilig Kreuz. 37 **Reliquienbüste, um 1260/70**. 38 **Hll. Lucia und Agatha, Ende 15. Jh.**, Wandmalerei im zugemauerten romanischen Fenster. 39 **Auferstehungstriptychon, 1551**, gestiftet von Peter Quentel, Öl auf Holz. Links die Himmelfahrt Christi und rechts die Ausgießung des hl. Geistes. Auf den Außenseiten die Apostel Petrus, Andreas, Judas Thaddäus und Simon. 40 **Bronze-Tafel des Ritterordens** vom Heiligen Grab zu Jerusalem, dessen Titelkirche St. Andreas nach dem Zweiten Weltkrieg wurde. 41 **Jüngstes Gericht, 1573**, Öl auf Holz. Gestiftet von dem links unten mit Wappen dargestellten Dechanten und Universitätsrektor Johann von Swölgen. 42 **Kreuzigung, 1. Hälfte 14. Jh.**, Wandmalerei. 43 **Taufstein, Anfang 13. Jh.**, vielleicht aus St. Paul stammend. 44 **Wandmalerei, um 1900**. Zurzeit der einzige sichtbare Rest der historistischen Ausmalung, die vielleicht noch im Triforium übermalt erhalten ist. 45 **Dionysiusaltar, 1613**, Öl auf Holz. Dargestellt ist eine Versammlung der Heiligen (links oben wohl die hll. Dionysius und Remigius) mit dem anbetenden Stifter Johann Legerius von Schwölgen, der 1613 starb und dessen Epitaph unter dem Bild ist.

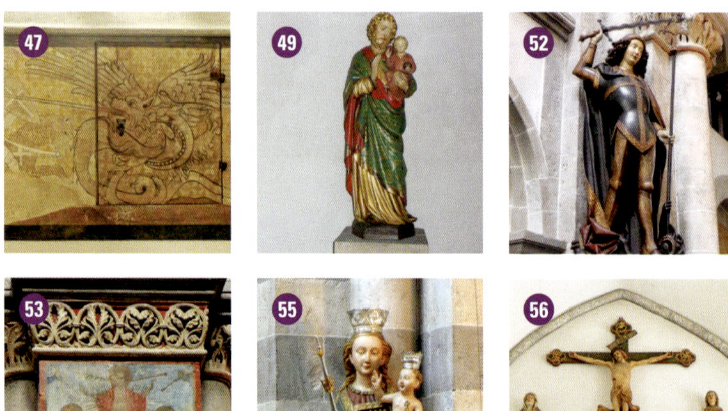

46 **Marienleben, 1. Hälfte 14. Jh.**, Wandmalerei mit Marienkrönung, Verkündigung, Heimsuchung, Geburt Jesu, Anbetung der Könige, Kreuzigung mit hll. Ursula (links) und Gereon (rechts) sowie kleinen Stiftern. **47** **Hl. Georg als Drachenbekämpfer, 1. Hälfte 14. Jh.**, Wandmalerei. **48** **Hl. Christophorus, 1. Hälfte 14. Jh.**, Wandmalerei. Die monumentale Darstellung konnte vom Eingang aus gesehen werden (vgl. Nr. 18) **49** **Hl. Joseph, 1895–1900, von Otto Mengelberg**, Holzskulptur. **50** **Verkündigung, 1951, von Wolfram Plotzke**, Wandmalerei (vgl. Nr. 5, 26, 51). **51** **Reliquienbüsten der hll. Simon und Thomas, um 1650**. Die Wandmalerei um 1951 von Wolfram Plotzke ist die Rahmung für die hölzernen und versilberten Reliquienbüsten des hl. Simon und der hll. Thomas und Simon (früher als Judas Thaddäus benannt). **52** **Hl. Michael, um 1490, von Meister Tilman**. Die Holzskulptur stammt aus Heilig Kreuz. **53** **Jüngstes Gericht, 15. Jh.**, Wandmalerei. **54** **Apostel Paulus, 15. Jh.**, Wandmalerei. **55** **Madonna mit Kind, vor 1475**. Die Holzskulptur stammt aus Heilig Kreuz. **56** **Triumphkreuzgruppe, 16. und 19. Jh.** Die Holzskulptur des Kruzifixes entstand um 1520/30, die der Maria und des Johannes 1899–1909 von Bildhauer Steinbach. **57** **Orgel, 1995**, der Fa. Weyland Leverkusen-Opladen. Prospekt-Entwurf Maria Schwarz.

48

ST. APOSTELN

APOSTELNKLOSTER 10

OBEN: HL. PAULUS UM 1160/70 (NR. 25)
RECHTS: AUSSENANSICHT VON OSTEN

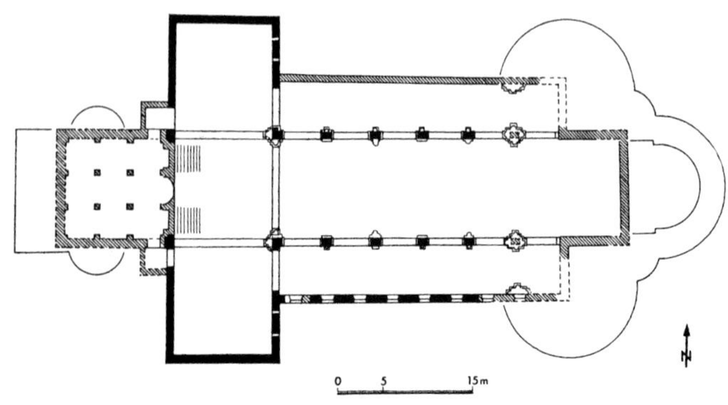

GRUNDRISS DES 11. JH.

Baugeschichte

Die ehemalige **Herrenstiftskirche** liegt direkt am römischen Haupttor nach Westen, d. h., die städtebauliche Lage ist ähnlich wie bei St. Georg und St. Andreas, die ebenfalls jeweils vor den römischen Toren liegen. Erst aus dem Jahre 965, anlässlich der Rückführung des in Reims verstorbenen Erzbischofs Bruno, ist eine erste Nachricht über die damals bescheidene Apostelkirche überliefert. **Erzbischof Pilgrim (1021–36)** gründete hier ein Herrenstift und errichtete den heute noch vorhandenen Monumentalbau einer doppelchörigen dreischiffigen Basilika mit ausladendem Westquerhaus, das er als seine Grabstätte vorsah. Der den Aposteln geweihte Hauptchor über einer Krypta lag im Westen, der Ostchor war der Gottesmutter Maria geweiht. Die Bezugnahme auf den doppelchörigen Alten Dom mit dem Hauptchor für den hl. Petrus im Westen und dem der Gottesmutter geweihten östlichen Chor scheint ebenso deutlich zu sein, wie die Dimension des Neubaus von St. Aposteln das Vorbild von Altem Dom und St. Pantaleon erkennen lässt. Vergleichbare Ausmalungsreste wie in St. Pantaleon (vgl. dort Nr. 22), ein die Flachdecke begleitender Mäanderfries, ließen erkennen, dass dieser Bau des frühen 11. Jh. insgesamt farbig gefasst war. Pilgrims Grab lag in der Mitte der westlichen Vierung, die sich durch eine Anschüttung zwei Meter höher und damit auf derselben Ebene wie der Westchor befand. Die hohen Sockel der Vierungspfeiler verdeutlichen noch heute diese erst 1643/44 abgesenkte und veränderte Situation.

Der Umbau von 1150–1250 ließ den heute erkennbaren Bau entstehen. Nachdem ein Brand bereits um 1100 Bauarbeiten am Westchor erlaubt hatte, wurde dieser nach 1150 zusammen mit der Krypta im Zuge der Errichtung des Westturmes noch einmal verändert. Der massive **Westturm** scheint bereits als Teil einer Turmlandschaft konzipiert gewesen zu sein, die mit dem Neubau des Ostchores, vielleicht nach einem Brand von 1192, um 1200 folgerichtig weitergeführt wurde und später auch dem Westturm das oberste Giebelgeschoss einbrachte. Anstelle des bescheidenen rechteckigen Marienchores, dessen Form heute die Priesterbank nachzeichnet, entstand der **Kleeblattchor** mit dem bekrönenden Achteckturm über der Vierung und zwei begleitenden Achtecktürmchen. Diese wachsen aus den Zwickeln der Chorkonchen heraus, sind aber mit ihnen durch die durchgehende Gliederung der Gesimse, Blendbögen und Zwerggalerien zu jener Einheit verbunden, die diese »klassische« Chorfassade in ihrer Wirkung auf den Neumarkt so harmonisch erscheinen lässt. Der interessante zusätzliche Zugang in den Chor über die damals als Begrenzung der Stiftsimmunität noch erhaltene Römermauer ist außen an der zugemauerten Tür zu erkennen. Allerdings liegt das ehemals römische Niveau um etwa zwei Meter tiefer als das heutige. Das **Innere** wurde in der ersten Hälfte des 13. Jh. durch die schrittweise Wölbung von Seitenschiffen, Mittelschiff und Westquerhaus mit dem gewölbten Chor zur Einheit gebracht, die die unterschiedliche Entstehungszeit kaum erkennen lässt. Erst durch die genaue Beobachtung vor allem der Pfeiler des Langhauses zeigt sich ihre Entstehungszeit in unterschiedlichen Epochen. An die ursprünglichen relativ flachen Pfeiler wurde vorne noch eine Schicht angebaut, die als Wandverstärkung auch über den Arkaden zu sehen ist und darüber mit einem Rundbogenfries abschließt, auf dem die großen doppelten Blendbögen aufsitzen. Dasselbe gilt für die Halbsäulen, die im Wechsel

INNENANSICHT, UM 1930, VON JOSEF DEDERICH

mit den bis zum Boden reichenden Wandvorlagen als Dienste das sechsteilige Gewölbe tragen. Dieses genau erkennbare geniale Stützgerüst wurde nachträglich am Beginn des 13. Jh. in den Bau des frühen 11. Jh. mit seinen Rechteckpfeilern und den glatten Mittelschiffwänden eingestellt. Das **Gestühl der Stiftsherren** befand sich im 11. Jh. ausschließlich in der damals höher gelegenen und abgeschrankten Westvierung zu Seiten des Stiftergrabes vor dem westlichen Apostelaltar. Mit dem aufwendigen Neubau des östlichen Kleeblattchores um 1200 war ein Bedeutungszuwachs dieses Marienchores verbunden. In der neuen (Ost-)Vierung wurde unter der Kuppel ebenfalls ein Chorgestühl installiert.

Mit dem großen **Umbau von 1643/44** verlor der Westchor dann endgültig seine Dominanz. Die Fußbodenhöhe des Langhauses wurde bis in den Westturm durchgezogen und dort wurden zwei neue Eingänge geschaffen. Dafür gab man die Krypta und die Aufschüttung für das ursprüngliche Chorgestühl mit dem Pilgrimgrab in der Westvierung auf. **Nach dem Zweiten Weltkrieg**, in dem die Kirche schwer beschädigt wurde, erfolgte eine teilweise Revision dieser Ein-

INNENANSICHT NACH OSTEN

griffe. Die Zugänge im Westturm wurden wieder geschlossen, die zugeschüttete Krypta ausgegraben und der erhöhte Westchor wiederhergestellt – aber dann doch durch eine große Orgel wieder zugestellt. Die Westvierung blieb aber auf Langhausniveau.

An der Südseite der Kirche, wo ehemals der Kreuzgang war, entstand nach dem Zweiten Weltkrieg zunächst eine Notkirche, die 1955 nach Entwurf von Jan Werner Starck als Werktagskirche neu gebaut und später **Dr.-Josef-Könn-Aula** benannt wurde.

Die um 1900 entstandene großartige historistische **Mosaizierung** im Inneren von St. Aposteln zerstörten Krieg und Wiederaufbau, bis auf einen kleinen Rest (vgl. Nr. 3). Die sachlich-schlichte Neugestaltung durch Willy Weyres mit weißen Wänden und ornamentierten Farbfenstern (1954) entsprach aber nicht dem Wunsch der Gemeinde, die eine aufwendigere Ausstattung wünschte. 1975 entstand die neue Inneneinrichtung der Ostanlage (vgl. Nr. 41), 1988 folgte das neue Retabel (vgl. Nr. 38) und 1988–93 erfolgte die intensiv diskutierte Ausmalung des Ostchores durch Hermann Gottfried (vgl. Nr. 42).

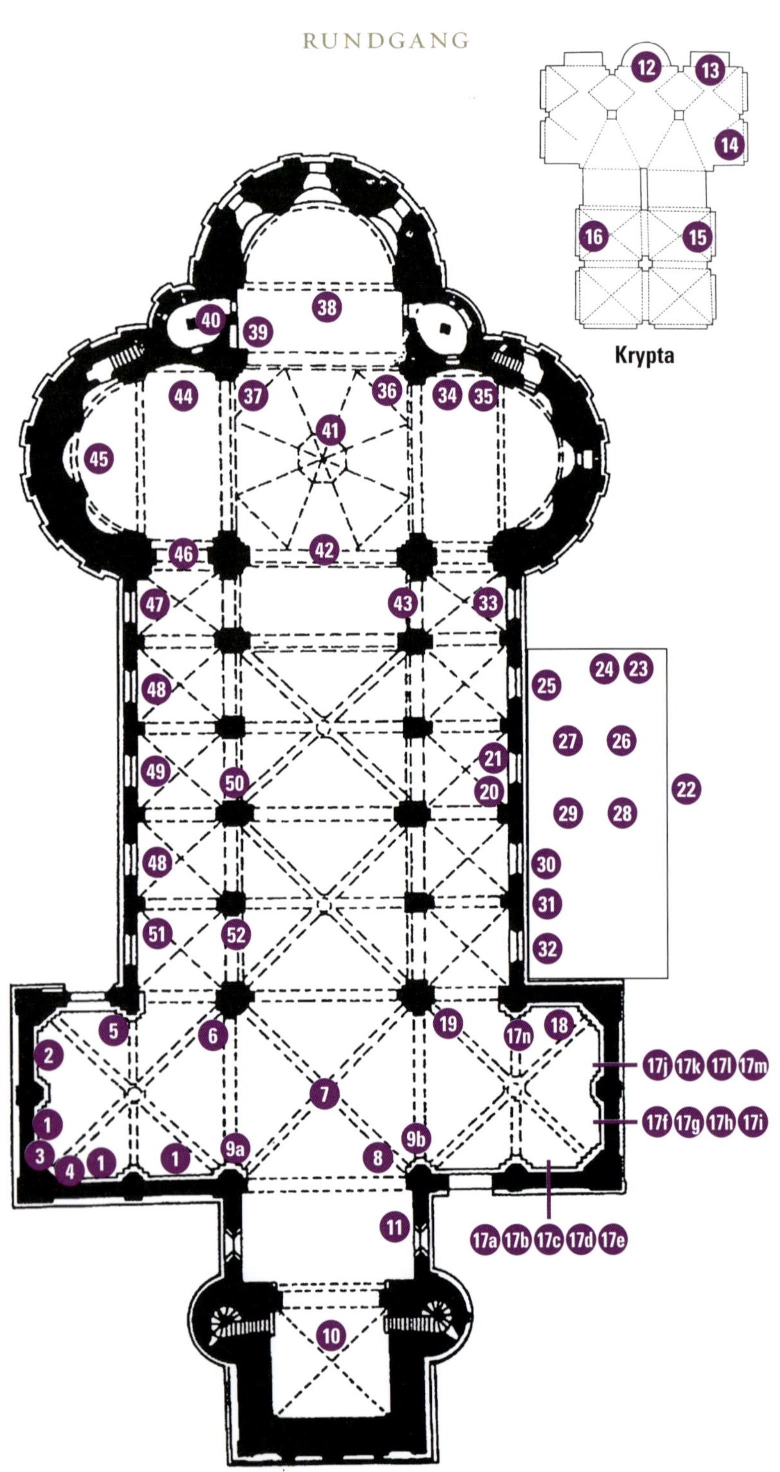
Krypta
12
13
14
15
16
1
2
3
4
5
6
7
8
9a
9b
10
11
17a 17b 17c 17d 17e
17f 17g 17h 17i
17j 17k 17l 17m
17n
18
19
20
21
22
23
24
25
26
27
28
29
30
31
32
33
34
35
36
37
38
39
40
41
42
43
44
45
46
47
48
49
50
51
52

1 Kreuzweg, 1965
2 15. Kreuzwegstation, 2006
3 »Der gute Hirte«, 1910
4 Schmerzensmann, nach 1500
5 Pietà, um 1870/80
6 Hl. Antonius, 1920er-/30er-Jahre
7 Taufbecken, um 1200
8 Eselswunder, 1896
9a Hl. Paulus, nach 1761
9b Hl. Petrus, nach 1761
10 Orgel, 1996
11 Hl. Michael, 1838/39
12 Kruzifix, um 1480
13 Geburt Christi, um 1915
14 Madonna mit Kind, 19. Jh.
15 Reliquienbüste, um 1910
16 Schmerzensmann, um 1500
17 Vierzehn Nothelfer, 16./18. Jh.
18 Marienaltar, 1905–94
19 Judas Thaddäus, 1891
20 Innenansicht, um 1930
21 Holzportal, 1965
22 Fenster, 1956/57
23 Madonna u. Kind, um 1500
24 Zwölf Apostel, 2. H. 17. Jh.
25 Hl. Paulus, um 1160/70
26 Christus Salvator, 1788
27 Maria Immaculata, 1763
28 Hl. Petrus, um 1420
29 Johannes der Täufer, 1780
30 Konsolen, um 1150
31 Geburt Christi, 1984
32 Bauzier, um 1200
33 Hl. Josef, 18./19.Jh.
34 Pilgrim-Sarkophag, 1906
35 Hl. Heribert, 2. H. 18. Jh.
36 Hl. Paulus, um 1480
37 Madonna u. Kind, um 1480
38 Zwölf Apostel, um 1330/50
39 Spätgot. Wandschrank
40 Schatzkammer
41 Baldachin, 1975
42 Chorausmalung, 1988–93
43 Hl. Michael, 1480/90
44 Apostel, 1510
45 Hl. Katharina, 1670/71
46 Bruderschaft von 1632
47 Hl. Nepomuk, 2. H. 18.Jh.
48 Zwei Beichtstühle, 1780
49 Apostelbild, 2003
50 Epitaph, 1644
51 Anna Selbdritt, 1908
52 Hl. Michael, 1. H. 18. Jh.

1 **Kreuzweg, 1965, von Sepp Hürten**, seit 1970 in der Kirche. 2 **Die 15. Kreuzwegstation, 2006, von Sepp Hürten**. Diese zusätzliche und größere Station stellt die Begegnung zwischen Maria Magdalena und dem Auferstandenen (Joh. 20) dar und wurde in memoriam Monsignore Augustinus Knülle geschaffen. 3 **»Der gute Hirte«, 1910, Entwurf von Friedrich Stummel**. Das Mosaik im Bogenfeld entstand zum Goldenen Priesterjubiläum für Pfarrer August Savels. Es ist heute der einzige Rest der 1895–1915 ausgeführten prachtvollen Mosaizierung (vgl. Nr. 20), die nach Kriegsbeschädigung leider komplett entfernt wurde. 4 **Schmerzensmann, nach 1500, aus der Werkstatt von Meister Tilman**. Holzskulptur mit gut erhaltener Originalfassung. 5 **Pietà, um 1870/80, Nikolaus Ehlscheidt zugeschrieben**. Die sehr aussagestarke farbig gefasste Holzskulptur ist eng an spätmittelalterlichen Vorbildern des 15. Jh. orientiert. Sie steht auf einem barocken Holzsockel, der möglicherweise ein Fragment der Kanzel ist (vgl. Nr. 26). 6 **Hl. Antonius, 1920er-/30er-Jahre**, Holzskulptur. 7 **Taufbecken, um 1200**. Das achteckige Becken wurde 1961 auf dem Stufenpodest mit Marmorfußboden aufgestellt. An dieser Stelle befand sich von 1036–1643 das Grab von Erzbischof Pilgrim (vgl. Nr. 34). Das Taufbecken hatte im 19. Jh. seinen Platz im südlichen Westquerhaus (heute: Nothelferkapelle). 8 **Eselswunder, 1896, von Wilhelm Mengelberg**. Das Alabasterrelief mit Dar-

stellung des Esels, der vor der Hostie in der Hand des Heiligen in die Knie geht, stammt vom ehemaligen Antoniusaltar. 9a **Hl. Paulus, nach 1761, von Johann Josef Imhoff**. Die weiß gefasste Holzskulptur stammt vom ehemaligen Hochaltar. 9b **Hl. Petrus, nach 1761, von Johann Josef Imhoff**. Die weiß gefasste Holzskulptur stammt vom ehemaligen Hochaltar. 10 **Orgel, 1996, von Fischer & Krämer**. 11 **Erzengel Michael auf dem Drachen, 1838/39, von Otto Mengelberg**, Öl auf Leinwand. Das überaus qualitätsvolle Bild zeigt den mit Flammenschwert den Drachen besiegenden Erzengel in eindrucksvoller Siegespose. Es ist nicht bekannt, für welchen Altar es ursprünglich gemalt wurde. 12 **(Krypta) Kruzifix, um 1480**. Farbig gefasste Holzskulptur mit verloren gegangenen Armen. 13 **(Krypta) Geburt Christi, um 1915, von Wilhelm Mengelberg** (zugeschrieben). Das Marmorrelief stammt vom ehemaligen Geburt-Christi-Altar, der am vierten Nordpfeiler des Mittelschiffes stand. 14 **(Krypta) Madonna mit Kind, 19. Jh**. Sie kam als Geschenk von Frau M. Möller-Garung in die Kirche. 15 **(Krypta) Reliquienbüste des hl. Stephanus, um 1910**. Die farbig gefasste Holzskulptur wird Ferdinand Langenberg aus Goch zugeschrieben. 16 **(Krypta) Schmerzensmann, um 1500**. Der farbig gefassten Holzskulptur, die nach dem Zweiten Weltkrieg in einer Kammer der Nordkonche gefunden wurde, fehlen die Arme. Vermutlich wurden bei der Restaurierung 1961 die Beine ergänzt.

17 Vierzehn Nothelfer. Die aus dem 16.–18. Jh. stammenden Holz- und Steinskulpturen unterschiedlicher Qualität wurden erst im 18. Jh. zu einem Zyklus auf einheitlichen Sockeln mit Namensinschriften in der (1825 abgebrochenen) Nothelferkapelle zusammengefasst. Die Verehrung der Nothelfer setzte im 15. Jh. durch die Vision eines süddeutschen Schäfers ein, dem sie erschienen sind. Anstelle der damals gebauten Kapelle entstand 1744 die berühmte Wallfahrtskirche Vierzehnheiligen von Balthasar Neumann, wodurch es allgemein eine Belebung der Verehrung dieser volkstümlichen Heiligen gab. Seit 1825 sind sie hier im südlichen Westquerhaus aufgestellt. Einzelne Figuren hatten ursprünglich einen anderen Inhalt und wurden durch Zufügung von Attributen (vgl. z. B. Nr. 17c, 17d) umgedeutet (vgl. auch Nr. 52). **17a Hl. Cyriakus, 16. Jh.** Er hilft gegen Anfechtungen in der Todesstunde, weil er die Tochter des Perserkönigs, die vom Teufel besessen war, heilte. **17b Hl. Margaretha, 16. Jh.** Sie hilft zu einer guten Geburt, weil sie bei ihrer Hinrichtung für alle gebärenden Frauen betete. **17c Hl. Katharina, 16. Jh.** Sie hilft gegen Leiden der Zunge und eine schwere Sprache, weil es ihr gelungen ist, die heidnischen Gelehrten zu überzeugen. Vermutlich war diese Figur ursprünglich die Maria einer Verkündigungsgruppe, die nachträglich Schwert und Palme erhielt. **17d Hl. Barbara, 15./16. Jh.** Sie gilt als Patronin der Sterbenden, weil sie selbst nach ganz fürchterlichen Marty-

rien schließlich gestorben ist. Diese Figur war eine Maria, die anstelle des (erhaltenen) Jesuskindes Kelch und Palme bekam. 17e **Hl. Blasius, 18. Jh.** Er hilft gegen Halsschmerzen, weil er ein Kind heilte, das sich an einer Gräte verschluckt hatte. 17f **Hl. Ägidius, 16. Jh.** Er hilft zum Ablegen einer guten Beichte, weil ein Engel einen Zettel mit der bestätigten Sündenvergebung auf den Altar legte, an dem Ägidius u. a. um die Vergebung der Sünden Karls d. Gr. betete. 17g **Hl. Pantaleon, 17. Jh.** Er ist als Patron der Ärzte einer der wichtigsten Nothelfer. 17h **Hl. Georg, 16. Jh.** Er hilft gegen Seuchen der Haustiere. 17i **Hl. Vitus, 17. Jh.** Er hilft gegen Epilepsie, weil er den Sohn des römischen Kaisers Diokletian von dieser Krankheit heilte. Trotzdem wurde er Opfer der diokletianischen Christenverfolgungen. 17j **Hl. Achatius, 16. Jh.** Er hilft gegen Todesangst und Zweifel. Er war der Anführer der Zehntausend Märtyrer, die während der Christenverfolgung unter Kaiser Hadrian ihr schreckliches Martyrium erlitten, indem sie auf riesige Dornen aufgespießt wurden. 17k **Hl. Eustachius, 16. Jh.** Er hilft gegen alle schwierigen Lebensläufe, weil er selbst alle Schwierigkeiten dank seines Glaubens meisterte. 17l **Hl. Erasmus, 17. Jh.** Er hilft gegen Leibschmerzen, weil man ihm bei der Marter die Gedärme aus dem Leib gerissen hatte. 17m **Hl. Dionysius, 16. Jh.** Er hilft gegen Kopfschmerzen, weil man ihm den Kopf abgeschlagen hatte. 17n **Hl. Christophorus, 16. Jh.** Er hilft gegen unvorbereiteten Tod.

18 **Marienaltar, 1905–07 und 1987–94**. Das neugotische Retabel nach Entwurf von Josef Windhausen und ausgeführt von Ferdinand Langenberg in Goch entstand 1905–07 für einen Reliquienaltar an dieser Stelle, in den u. a. Reliquienbüsten (vgl. Nr. 39) und die zwölf Apostelfiguren (vgl. Nr. 38) eingestellt waren. Bekrönt wurde er von der Figur des hl. Michael (vgl. Nr. 43). 1976/77 erfolgte die Neuaufstellung als Marienaltar mit der Madonna (schwäbisch, um 1500) in der vergrößerten mittleren Nische. Die zwölf Szenen aus dem Marienleben schufen Dieter und Henrike Franz 1987–94. Die Säulchen an der Stirnseite des Altartisches stammen noch vom Johannesaltar des 12. Jh. an dieser Stelle, für das davor stehende Lesepult wurde eine Säule der Kommunionbank von 1908 verwendet. 19 **Judas Thaddäus, 1891**. Das Holzrelief, das als Apostel Judas Thaddäus gedeutet wird, stammt von der ehemaligen Orgelbrüstung von 1891. 20 **Innenansicht von St. Aposteln, um 1930, von Josef Dederichs**. Öl auf Holz. Das Bild zeigt die unvergleichliche Pracht der Mosaikausstattung von 1895–1915 (vgl. Nr. 3; Abb. S. 46). 21 **Holzportal, 1965, von R. Ostlender** als Zugang zur Dr.-Josef-Könn-Aula im romanischen Portal, das früher zum Kreuzgang führte. 22 **»Aussendung der Apostel«, 1956/57, von Ludwig Gies**. Farbfensterwand. 23 **Madonna mit Kind, um 1500**. Original der Steinfigur, die außen am Ostchor als Kopie angebracht wurde. Diese Figur, die vermutlich einen romanischen Vorgänger hatte, macht das Marienpatrozinium des Ostchores deutlich, während die Paulusfigur am Westturm (vgl. Nr. 25) das Patronat der Apostel vertritt. 24 **Zwölf Apostel und Christus an der Geißelsäule, 2. Hälfte 17. Jh.**, Öl auf Leinwand.

(25) **Hl. Paulus, um 1160/70**. Original der Steinskulptur, die 1986 außen am Westturm durch eine Kopie ersetzt wurde (vgl. Nr. 23; Abb. S. 42). (26) **Christus Salvator, 1788**. Holzskulptur als Bekrönung der Kanzel, die 1788 nach Entwurf von Johann Gendrom entstand und bis zum Zweiten Weltkrieg in der Kirche blieb (vgl. Nr. 5, 20). (27) **Maria Immaculata, 1763**. Die Holzskulptur zeigt die stark bewegte Figur auf der Erdkugel und der Mondsichel, wie sie auf die Schlange tritt. Sie gehörte vermutlich zu einem 1763 für die Nordkonche geschaffenen Marienaltar. (28) **Hl. Petrus, um 1420**, niederrheinische Holzskulptur. (29) **Johannes der Täufer, 1780**. Das Holzrelief scheint ein Beichtstuhlrest zu sein (vgl. Nr. 48). (30) **Konsolen des Westturmes, um 1150**. (31) **Geburt Christi, 1984, von Theo Heiermann**. Steinskulptur. (32) **Bauzier, um 1200**, vielleicht von den romanischen Chorschranken. (33) **Hl. Josef, 18./19. Jh.**, Holzskulptur. (34) **Pilgrim-Sarkophag, 1906**. Der weiße Marmorsarg enthält die Gebeine und Grabbeigaben des Kirchengründers, der 1036 in der erhöhten Vierung des Westquerhauses in einem merowingischen Steinsarkophag beigesetzt, 1643 in einen barocken Sarkophag in den Ostchor umgebettet und 1906 in diesen Sarkophag gelegt wurde, der seit 1988 hier steht. Der merowingische Steinsarkophag steht außen am Scheitel der Südkonche. (35) **Hl. Heribert, 2. Hälfte 18. Jh., von Johann Josef Imhoff**. Weiß gefasste Holzskulptur vermutlich vom ehemaligen Hochaltar (vgl. Nr. 9).

36 **Hl. Paulus mit Buch und Schwert, um 1480**, Steinskulptur (vgl. Nr. 37). 37 **Madonna mit Kind, um 1480**, Steinskulptur. Die Figuren der Kirchenpatrone hl. Paulus und Madonna wurden (wohl nach dem Zweiten Weltkrieg) vertauscht, sie standen ursprünglich auf dem jeweils anderen Vierungspfeiler und befanden sich so sinngemäß über den Ehrensitzen des Propstes und des Dekans im darunter befindlichen Chorgestühl vom Ende des 13. Jh., das die Vierung nach beiden Seiten begrenzte (Teile im Depot des Museums Schnütgen) und zwischen den westlichen Vierungspfeilern von einem Lettner abgeschlossen wurde. 38 **Zwölf Apostel, um 1330/50**. Holzskulpturen an einem Retabel von Paul Nagel, 1988. Die etwa 50 Zentimeter großen, sehr schlanken Statuetten, die in der Nachfolge der Domchorfiguren stehen und auch an den Rückseiten durchgestaltet sind, gehörten vielleicht ursprünglich, wie eine Überlieferung berichtet, zur Bekrönung einer »reichgeschnitzten Chorschranke« oder zu einem Chorgestühl (vgl. auch Nr. 18). 39 **Spätgotischer Reliquienschrank**, in die Wand eingelassen und mit schmiedeeisernen Gittertüren verschlossen. Darin vor allem die beiden Armreliquiare des 13./14. Jh. sowie sieben Reliquienbüsten des 14./15. Jh. und ein um 1900 entstandenes neuromanisches Reliquienkästchen. 40 **Schatzkammer**, die sich vermutlich seit der Erbauungszeit um 1200 hier befindet. In ihr werden u. a. der um 1230 entstandene, reich verzierte sogenannte Heribertskelch und die zugehörige Patene (Hostienteller) verwahrt.

41 **Tabernakelbaldachin, 1975, von Sepp Hürten**, über romanisierendem Zelebrationsaltar. Im gleichzeitig entstandenen Plattenmosaik des Fußbodens sind die Standorte für die großen neubarocken Messingleuchter von 1843 vorgesehen. Die Priesterbank markiert den Abschluss des Chores des 11. Jh. (vgl. Abb. S. 47). 42 **Chorausmalung, 1988–93, von Hermann Gottfried**, mit Themen der Apokalypse. In der Ostkonche die Vision des himmlischen Thronsaales, davor der thronende Christus, in der Nordkonche die apokalyptische Frau, davor der Gekreuzigte, in der Südkonche das Lamm auf dem Berg Zion, davor der Auferstandene. Die Pendentifs unter der Kuppel des Vierungsturmes zeigen die Evangelistensymbole Mensch, Adler, Löwe, Stier, der Tambour der Kuppel Engelsdarstellungen (vgl. Abb. S. 47). 43 **Hl. Michael, 1480/90, von Meister Tilman**. Holzskulptur aus der 1827 abgebrochenen Kirche St. Michael des Weidenbachklosters. 44 **Aussendung der Apostel, 1510**, Ölbild. 45 **Martyrium der hl. Katharina, 1670/71, von Johann Wilhelm Pottgießer**, Öl auf Leinwand. Vom ehemaligen Pfarraltar (heute hier Nr. 44). 46 **St.-Katharinen-Bruderschaft von 1632**. Die Inschrift von 1901 am Vierungspfeiler weist auf den ehemals hier befindlichen Kerzenbalken dieser Bruderschaft hin. 47 **Hl. Nepomuk, 2. Hälfte 18. Jh.**, Holzskulptur. 48 **Zwei Beichtstühle, 1780, von Johann Gendrom**. 49 **Apostelbild, 2003, von Gerd Mosbach**, Öl auf Leinwand (daneben die Beschreibung von Pfr. Biskupek). 50 **Epitaph Wolff-Metternich**, 1644, bei der Gruft der Familie. 51 **Hl. Anna Selbdritt, 1908, von Wilhelm Mengelberg**, Holzskulptur vom ehemaligen Annenaltar am südöstlichen Mittelschiffpfeiler. 52 **Hl. Michael, 1. Hälfte 18. Jh.**, Holzskulptur (vgl. Konsolen bei Nr. 17).

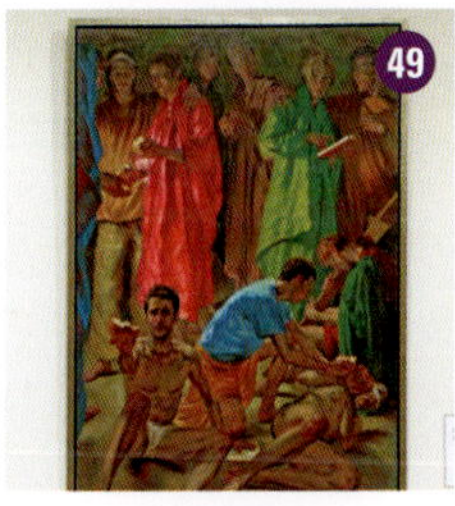

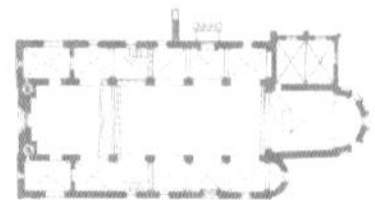

ST. CÄCILIEN

CÄCILIENSTRASSE 29

OBEN: GLOCKE, 9. JH. (NR. 26)
RECHTS: ST. CÄCILIEN UND ST. PETER
AUSSENANSICHT, UM 1930 UND 2014

TYMPANON, UM 1160

Baugeschichte

Die **hl. Cäcilie**, eine legendäre römische Märtyrerin, soll während ihrer Hochzeit Musik gehört oder selbst musiziert haben. Aus diesem Grund wurde sie seit dem Mittelalter als Patronin der Musik verehrt. Die ihr in Köln geweihte ehemalige **Stiftskirche für adelige Damen**, eine dreischiffige turmlose Basilika mit Westempore über der Krypta, bildet bis heute zusammen mit St. Peter die einzig erhaltene der einst überaus zahlreichen Kölner »Kirchenfamilien«, bestehend aus Stifts- oder Klosterkirchen und daneben gelegener Pfarrkirche. Nach 1802 nutzte man den Klosterbereich von St. Cäcilien als Bürgerhospital, wodurch der Sakralbau zur Krankenhauskirche wurde. So blieb St. Peter als Pfarrkirche erhalten. Die Konventsgebäude von St. Cäcilien aber mussten bereits 1843–47 dem Neubau des **Bürgerhospitals** durch Johann Peter Weyer weichen, der dabei die Westfassade der Kirche in neuromanischen Formen gestaltete. Christian Mohr schuf 1849 das schöne Westportal mit reicher, auch inhaltlich zeitnaher Skulptur (u. a. ein Polizist mit Pickelhaube). Das Tympanon von Anton Werres mit Darstellung der Barmherzigkeit, 1880, ist vermutlich unter der Nachkriegs-Vermauerung erhalten, auf die Harald Naegeli 1980 sein Graffito des Todes sprühte, das er 1989 wiederholte. Das Hospital war nach dem Zweiten Weltkrieg aufgegeben worden, sodass sich erneut die Frage nach Erhaltung und Nutzung des (im Krieg stark beschädigten) Kirchenpaares stellte. St. Peter blieb Pfarrkirche und für St. Cäcilien ergab sich glücklicherweise die neue Nutzung als **Museum Schnütgen** (ab 1956), dessen ehemalige Bleibe in Deutz als Neubaufläche für das Landeshaus gebraucht wurde.

Die Gründungsgeschichte von St. Cäcilien ist vielfältig. Kirche und Stiftsgebäude sowie die zugehörige Pfarrkirche St. Peter entstanden dort, wo sich zur Römerzeit die weitläufige Anlage der **Thermen** innerhalb der Römerstadt ausbreitete. Der älteste Sakralbau, eine **Saalkirche aus dem 9. Jh**., deren Ausmaß im heutigen Mittelschiff erhalten ist, war bei der Gründung des adeligen Damenstiftes im Jahre 888 wohl schon vorhanden. Vermutlich im 10. Jh. (zwischen **940 und 960**) wurde diese Kirche durch seitliche Annexräume, einen Westchor mit Krypta und Konventgebäuden mit Kreuzgang im Norden erweitert. Etwa von **1100–70** entstand mit dem Umbau zur dreischiffigen Pfeilerbasilika mit flachgedecktem Mittelschiff und gewölbten Seitenschiffen der heute im Langhaus wieder vorhandene Raumeindruck. In dieser Zeit wurde auch die Westempore über der Kryptenvorhalle neu gebaut sowie das östliche Chorjoch mit Apsis. Von der **Ausmalung der Zeit um 1300** waren umfangreiche Teile im Chor erhalten, die allerdings nach der Entfernung der »Schutzschicht« des 19. Jh. in kaum mehr lesbarem Zustand sind, weswegen zu ihrer »Entzifferung« auf die Zeichnungen des 19. Jh. zurückgegriffen werden muss (Nr. 35a, 35b). Ein besonders interessantes Detail ist mit den Ausmalungsresten im nördlichen Obergaden verbunden (Nr. 39), die die Stelle markieren, an der die vielleicht **älteste Kölner Orgel** im 14. Jh. ihren Standort hatte.

Die Mittelschiffpfeiler trugen Darstellungen von Heiligen. Vermutlich hing auch die **Veilchen-Madonna** von Stephan Lochner (1439/40) einst an einem Mittelschiffpfeiler (? an der Nordseite), worauf das längliche Format hinweist. Das Bild gehörte der letzten Äbtissin des Stiftes, Elsa von Reitzenstein, die es nach ihrem Tod (1486) der Pfarrkirche St. Peter hinterließ (jetzt im Museum Kolumba ausgestellt).

Kreuzgang und Stiftsgebäude wurden im 12. Jh. im Westen neugebaut, der ottonische Kreuzgang (um 940–60) im Norden aufgegeben. Der sogenannte »fränkische Bogen« erhielt sich nur, weil er in eine später errichtete, heute aber nicht mehr existierende Maternuska-

VEILCHENMADONNA, 1439/40, VON STEFAN LOCHNER

pelle (vgl. Nr. 7) an dieser Stelle einbezogen worden war. In St. Cäcilien pflegte der Kölner Erzbischof nach St. Maria im Kapitol **die zweite Weihnachtsmesse** zu feiern, was die besondere Bedeutung des Stiftes betonte, die sich aber im weiteren Verlauf des Mittelalters verlor. 1475 wurden die Baulichkeiten, unter standesgemäßem Protest der Äbtissin Elsa von Reitzenstein, den **Augustinerinnen** übergeben, die kriegsbedingt ihr Kloster Weiher außerhalb der Stadtmauern verlassen mussten. Die Nonnen bauten im Mittelschiff die (kriegszerstörte) Wölbung ein und ließen anstelle der nördlichen Seitenschiff-Apsis eine zweijochige Sakristei anbauen, die heute die Schatzkammer enthält.

Das Innere von St. Cäcilien erhielt beim **Wiederaufbau** durch Karl Band anstelle der Gewölbe Flachdecken, was zu einem stimmigen Raumeindruck mit der vermutlich originalen Proportion des Kastenraumes des 12. Jh. führte. Allerdings purifizierte er bedauerlicherweise die einst sehr differenzierte Dachlandschaft. Seine Anbauten aber für das Museum ordneten sich der romanischen Kirche ebenso völlig unter wie seine Bauten in der Umgebung der benachbarten Kirche St. Peter.

Die überaus glückliche Nutzung der romanischen Kirche als **Museum Schnütgen** bietet den vielen, vor allem aus Kölner Kirchen stammenden, Kunstwerken einen hervorragenden Rahmen. In der nachfolgenden Auflistung wurden alle Objekte aufgenommen, deren Herkunft aus Kölner Orten weitgehend sicher ist, um insgesamt den einstigen Reichtum der Kölner Kunstlandschaft deutlich werden zu lassen. Abgebildet werden konnten aber nur die den Romanischen Kirchen zugeordneten Werke. Die wechselnden Ausstellungen des Museums bringen für manche Objekte veränderte Aufstellungen.

INNENANSICHT NACH OSTEN, 2014

RUNDGANG

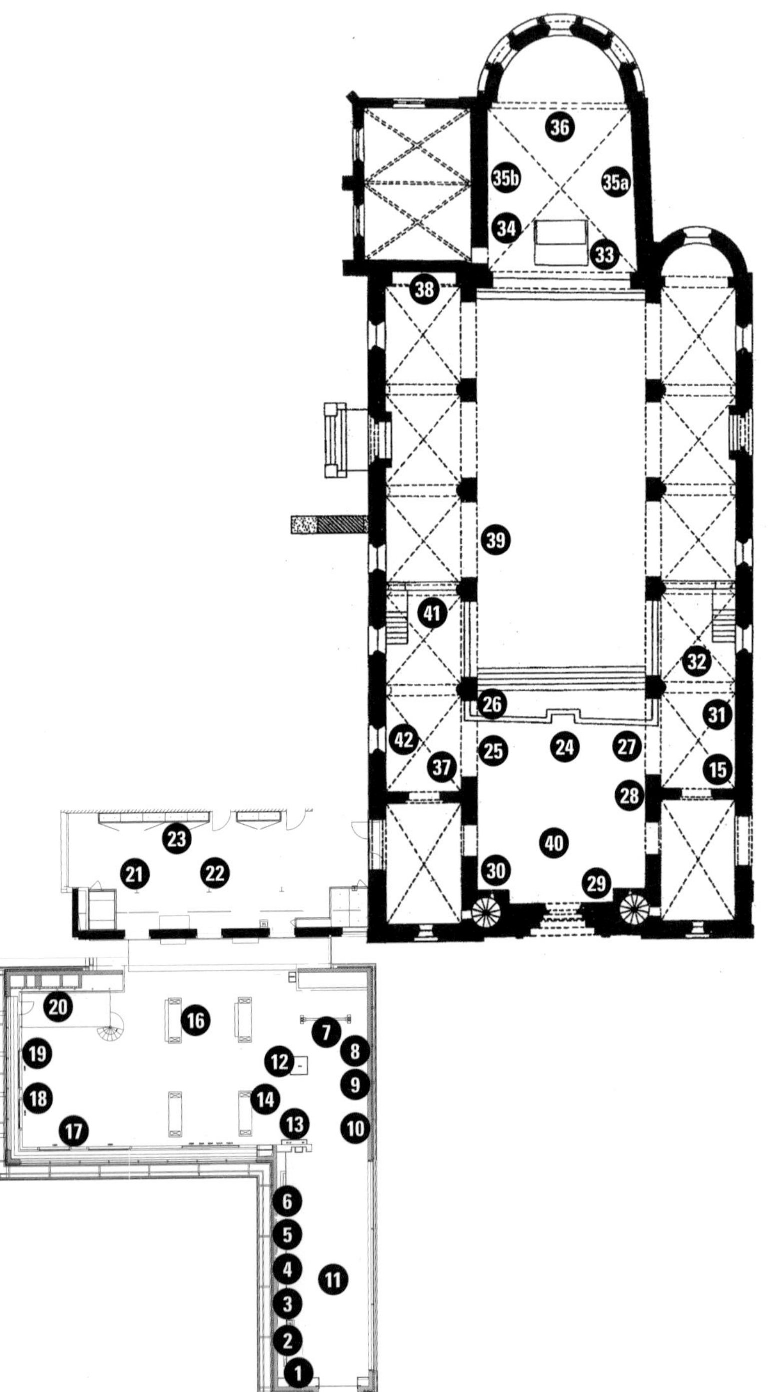
36
35b
35a
34
33
38
39
41
32
26
31
42
25
24
27
37
15
28
23
40
21
22
30
29
20
16
7
8
19
12
9
18
14
13
10
17
6
5
4
11
3
2
1

1 Aus St. Severin, um 1050
2 Aus St. Severin, um 1050
3 Kapitelle, 12./13. Jh.
4 Aus St. Makkabäer, um 1150/75
5 Aus St. Georg, um 1190–1200
6 Aus St. Pantaleon, um 1160/70
7 Aus St. Cäcilien, um 1160
8 Aus St. Katharina, um 1210
9 Aus St. Joh. Baptist, 1200/10
10 Aus Altem Dom, 1190/1200
11 Aus St. Gereon, 11./12. Jh.
12 Aus St. Kolumba, E. 12. Jh.
13 Aus St. Pantaleon, 1150er-Jahre
14 Aus Minoriten, um 1280
15 Aus got. Dom, um 1310
16 Aus got. Dom, nach 1508
17 Aus der Ratskapelle, 1474
18 Aus welcher Kirche?, E. 15. Jh.
19 Aus St. Laurenz, vor 1489
20 Fenster-Fragmente, 14./16. Jh.
21 Aus St. Aposteln, 12./13. Jh.
22 Aus St. Heribert, 2. H. 9. Jh.
23 Textilien
24 Aus dem Rathaus, um 1414
25 Aus St. Klara, um 1350/60
26 Aus St. Cäcilien, 9. Jh.
27 Aus St. Maria ad gradus (?), 1390/1400
28 Aus St. Maria ad gradus (?), um 1390
29 »Friesentor-Madonna«, um 1360/80
30a Aus der Kartause, um 1420
30b Aus der Kartause (?), um 1420
31 Aus St. Klara (?), um 1340
32 Aus St. Kolumba, um 1520
33 Aus St. Cäcilien, um 1520–30
34 Aus got. Dom, um 1310
35a Leben Jesu, um 1300
35b Vita hl. Cäcilie, um 1300
36 Aus St. Ursula, 1170
37 Aus St. Georg, 1. H. 14. Jh.
38 Aus St. Georg, um 1065/1100
39 Malerei, 2. H. 14. Jh.
40 Von St. Maria im Kap., 14. Jh.
41 Aus St. Ursula (?), um 1500
42 Aus St. Kunibert (?), um 1190

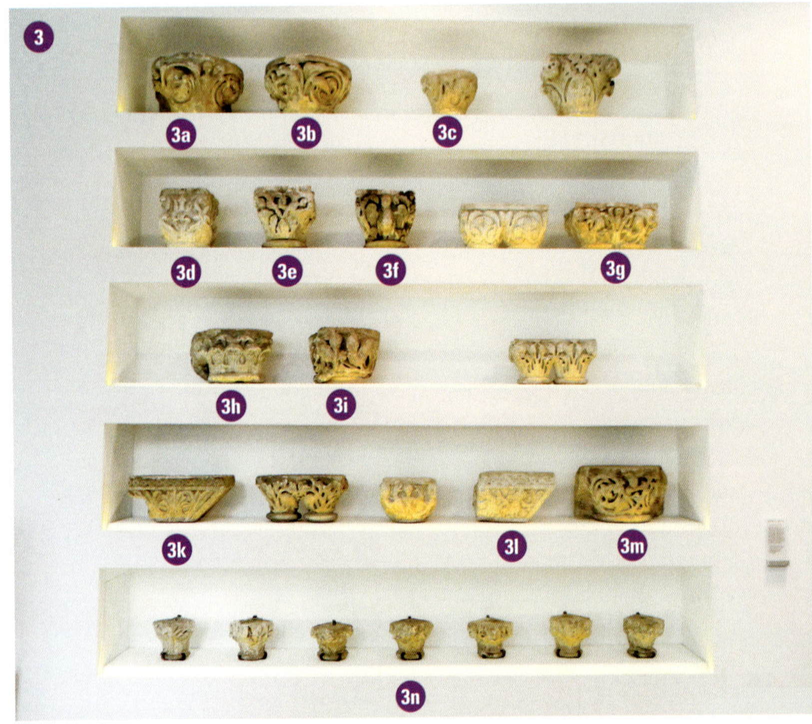

1 **Aus St. Severin: Grabsteinfragmente, um 1050** (Stele K 122, Kämpfer K 124, Sockel K 123). 2 **Aus St. Severin: Kentaur und Sirene, um 1050**. Werksteinreliefs aus dem Kreuzgang (K 115 und 114). 3 **Kapitelle mit Figuren und Pflanzen aus Kölner Kirchen, 12./13. Jh.** (Angaben aus unveröffentlichtem Manuskript von Brigitte Kaelble). 3a, 3b, 3c **Aus St. Gereon, um 1200–10,** aus der Samsonmeisterwerkstatt (K 134/1, K 3, K 237). 3d **Aus St. Maria im Kapitol, um 1150**, aus der Südvorhalle von der Werkstatt des Plektrudisgrabes (vgl. St. Maria im Kapitol Nr. 14) (K 248/01). 3e, 3f, 3g **Aus St. Gereon, um 1170/80**, aus dem ehemaligen Kreuzgang (K 219/4, K 219/1). 3h, 3i, 3k, 3l **Aus St. Maria im Kapitol, um 1150**, aus dem Kreuzgang (K 215, K 327/2). 3m **Aus St. Katharina (?), 1210** (K 136). 3n **Aus Hl. Kreuz (?), 1230–60**. Die sieben Blattkapitelle könnten vom Chor dieser Dominikanerkirche stammen, der zur Zeit von Albertus Magnus gebaut wurde.

❹ **Aus St. Makkabäer, um 1150–75** (K 116). ❺ **Aus St. Georg, um 1190–1200**. Der Kopf eines Ritters wird der Samsonmeisterwerkstatt zugeschrieben (K 109). ❻ **Aus St. Pantaleon, um 1160/70**. Das Tympanon stammt vom Nordportal des Querschiffes. In der Mitte ist Christus mit Maria und Johannes, links hl. Pantaleon, rechts Erzbischof Bruno (K 118). ❼ **Aus St. Cäcilien, um 1160** (vgl. Abb. S. 60). Das Tympanon wird der Brauweiler Kreuzgangswerkstatt zugeschrieben. Der ursprüngliche Standort war vermutlich das Nordportal der Maternuskapelle, erst 1846 wurde es an den Nordeingang der Kirche versetzt, wo sich seit 1975 eine Kopie befindet. In der Mitte ist die hl. Cäcilie, der der Engel von oben die (verlorene) Märtyrerkrone bringt. Seitlich sind ihr Verlobter Valerianus und sein Bruder Tiburtius zu sehen, die einst Märtyrerpalmen aus Metall in ihrer Hand hielten. Die Aufstellung im Museum zeigt auch die Rückseite und lässt die Wiederverwendung antiker Grabsteine erkennen (K 275). ❽ **Aus St. Katharina, um 1210**. Steinskulptur eines Bogensegments mit Drachen und Menschenkopf (K 125/08). ❾ **Aus St. Johann Baptist, 1200–10**. Die Steinskulptur, der Torso vermutlich eines Verkündigungsengels, wurde nach dem Zweiten Weltkrieg in der beschädigten Kirche gefunden und wird dem Meister des Andernacher Südportaltympanons zugeschrieben (K 261). ❿ **Aus dem Alten Dom, 1190–1200**. Die Steinskulpturen eines König David mit Kniefiedel und der Torso einer tänzerisch bewegten Figur werden dem Umkreis des Samsonmeisters zugeschrieben. Der Fiedler war zu Beginn des 19. Jh. als Türschwelle in der Dompfarrei in Köln verbaut aufgefunden worden. Vermutlich gehörten die Reliefs zu einer Schranke, die im Dom den Ost- oder Westchor abschloss (K 163, K 162).

11 Aus St. Gereon, Buchdeckel des 12. Jh. Elfenbeinrelief um 1000: thronender Christus mit den hll. Viktor und Gereon sowie weiteren thebäischen Märtyrern (B 98). **12 Aus St. Kolumba, Ende 12. Jh.** Taufbecken aus dem Maasgebiet mit Darstellungen von Panther, Drache, Wolf und Löwe (K 112). **13 Aus St. Pantaleon, 1150er-Jahre**. Steinskulptur eines Relieffragmentes: Marientod (K 119). **14 Aus der Minoritenkirche, um 1280**, (oder aus Liebfrauen in Trier). Farbfenster. Links Steinigung des hl. Stephanus, rechts Saulus mit dem Schwert (M 524). **15 Aus dem gotischen Dom, um 1310**. Die Marmorskulpturen von der Mensa im Hochchor wurden bei der Neugestaltung des Hochaltares 1766 entfernt und von Ferdinand Franz Wallraf aufbewahrt (vgl. Nr. 16). Im Dom Kopien dieser Figuren an der Mensa (K 210). **16 Aus dem gotischen Dom, nach 1508**. Letztes Abendmahl und Christus am Ölberg. Das Sakramentshaus war bei der Barockisierung des Domchores entfernt worden, die Skulpturen wurden von Ferdinand Franz Wallraf gerettet (vgl. Nr. 15) (K 178, K 180). **17 Aus der Ratskapelle, 1474**. Farbfenster mit Anbetung der Hll. Drei Könige (M 594). **18 Aus welcher Kirche?, Ende 15. Jh.** 1850 wurde das Farbfenster mit der Darstellung der Kreuzigung in der Sakristei der Ratskapelle eingebaut und 1897 ins Museum gegeben (M 515). **19 Aus St. Laurenz, vor 1489**. 1834 wurde das Farbfenster, Kreuzigung mit Stifter, in den Chor von St. Georg eingesetzt und 1929 ausgebaut (M 501/1-15). **20 (Auf der Galerie) Farbfensterfragmente, 14.–16. Jh.** u. a. aus St. Apern, aus dem Kartäuserkloster, aus dem Dom, aus Hl. Kreuz. (M 85, M 65, M 626, M 40, M 22). **21 Aus St. Aposteln, Evangelistar**. Manuskript 1125–50, Einband 1300–25 (G 532). **22 Aus St. Heribert, Kamm des hl. Heribert, 2. Hälfte 9. Jh.** Der kostbare Elfenbeinkamm mit der Darstellung der Kreuzigung Christi zwischen den hll. Maria und Johannes sowie Stephaton und Longinus wurde beim Gottesdienst vom Priester verwendet, um seine Haare zu glätten als Zeichen der Ordnung und Reinigung seiner Gedanken (B 100). **23 Ausstellung von Textilien u. a. aus Kölner Kirchen**, wird jährlich gewechselt. **24 Aus dem Rathaus, Acht Propheten, um 1414**. Die farbig gefassten Holzfiguren von der Treppe zur Prophetenkammer, zuletzt im Hansasaal aufgestellt, wurden 2013 ins Museum gegeben. **25 Aus St. Klara: Jakobus der Ältere und der Jüngere um 1350/60**. Die beiden Holzskulpturen vom Klarenaltar wurden vor der Übertragung des Altares in den Dom (1811) entfernt, weswegen sie noch die originale Farbigkeit zeigen (A 770 und 771). **26 Aus St. Cäci-**

lien, Glocke, 9. Jh. (vgl. Abb. S. 58). Gelenius berichtete 1645, dass die aus geschmiedetem und genietetem Eisenblech gefertigte Glocke bei St. Cäcilien von einer Sau ausgebuddelt wurde, weswegen sie »Saufang« genannt wird. (Dauerleihgabe Köln. Stadtmuseum). **27 Aus St. Maria ad gradus (?), Wilder Mann, 1390–1400**. Vielleicht vom Chorgestühl von St. Maria ad gradus (A 47). **28 Aus St. Maria ad gradus (?), »Parlerbüste«, um 1390**. Die beim Margarethenkloster gefundene Steinkonsole trägt auf der Brust das Parlerzeichen. Vielleicht Darstellung einer Eva, die eine Madonnenfigur trug. Eva brachte die Sünde in die Welt, die Maria als »neue Eva« erlöste (K 127). **29 Vom Friesentor (?), »Friesentor-Madonna«, um 1360–80**. Farbig gefasste Holzskulptur. Das Kind hält einen Stieglitz als Sinnbild der Passion, da er sich von stacheligen Disteln ernährt (A 40). **30a Aus der Kartause, Madonna, vom Saarwerden-Meister, um 1420**. Steinskulptur, 1924 bei der Freilegung eines Fensters des Kapitelhauses gefunden (K 159). **30b Aus der Kartause (?), Engelskonsole, um 1420** (K 160). **31 Aus St. Klara (?), Thronende Madonna, um 1340**. Die farbig gefasste Holzskulptur zeigt eine gemalte kleine Nonne am Sockel. Das abnehmbare Christuskind ist nicht erhalten (A 773). **32 Aus St. Kolumba, Christus auf dem Palmesel, um 1520**. Diese Holzskulptur wurde bis 1778 bei Prozessionen am Palmsonntag mitgeführt (A 124). **33 Aus St. Cäcilien, Antiphonar, um 1520–30**. Es enthält die Texte und Melodien aller Gesänge des Stundengebetes und wurde von der Augustinernonne Anna von Hachenberch geschrieben – »mit viel Arbeit«, wie auf einem kleinen eingeklebten Zettel zu lesen ist (C 44). **34 Aus dem gotischen Dom, Vierpassbohle vom Chorgestühl, um 1310** (A 42).

35a Wandmalerei Leben Jesu, an Chorsüdseite, um 1300.

1. Reihe: Verkündigung, Geburt Jesu, Anbetung Hll. Drei Könige, Flucht nach Ägypten, Kindermord von Bethlehem, Darstellung Jesu im Tempel.

2. Reihe: Taufe Jesu, Hochzeit zu Kanaa, Auferweckungen des Lazarus und des Jünglings zu Nain und der Tochter des Jairus, das Wunder des Gichtbrüchigen mit dem Bett auf der Schulter, die Speisung der 5.000 Hungrigen mit den demonstrativ aufgestapelten Körben, Jesus wird vom Teufel versucht.

3. Reihe: Das Gastmahl des Simeon, Einzug Jesu in Jerusalem mit dem Neugierigen im Baum, Fußwaschung, Abendmahl: Jesus sitzt ganz links, Gebet im Ölberg, Gefangennahme Jesu mit dem Ohrabschlagen bei einem Soldaten durch Petrus, Jesus vor Pilatus, Bekleidung mit Purpurmantel und Dornenkrönung.

4. Reihe: Nicht mehr vorhanden. Hier waren vermutlich dargestellt: Geißelung, Kreuztragung, Kreuzigung, Kreuzabnahme, Grablegung.

35b Wandmalerei Vita der hl. Cäcilie, an Chornordseite, um 1300.

1. Reihe: Hochzeit von Cäcilia und Valerian, Cäcilia berichtet Valerian von ihrem heimlichen Christentum und bekehrt ihn, Valerian bei Papst Urban, Apostel Paulus erscheint Valerian, Valerians Taufe, Cäcilia und Valerian werden vom Engel bekränzt, Bekehrung von Valerians Bruder Tiburtius.

2. Reihe: Tiburtius wird von Cäcilia und Valerian zu Papst Urban geführt, die Taufe von Tiburtius, Valerian und Tiburtius vor dem Beamten Almachius, Almachius übergibt sie dem Ritter Maximus zur Exekution, Bekehrung von Maximus, Taufe von Maximus.

3. Reihe: Almachius befiehlt das heidnische Opfer, Hinrichtung von Valerian, Tiburtius und Maximus, Begräbnis der drei Männer durch Cäcilia, Cäcilia vor Almachius, Martyrium von Cäcilia in kochendem Bad und durch Enthauptung, Begräbnis von Cäcilia.

36 **Aus St. Ursula, Antependium, um 1170**. Der 1810 Ferdinand Franz Wallraf für »erwiesene Verdienste« geschenkte Altarvorsatz war ursprünglich mit getriebenen Figuren der Maiestas Domini und der Apostel geschmückt. Das obere Register wurde Anfang 15. Jh., das untere im 19. Jh. mit Figuren der Muttergottes, musizierender Engel und vor allem Kölner Heiliger in schwarzer Zeichnung auf Goldgrund bemalt (G 564). 37 **Aus St. Georg, Schwert des hl. Georg, 1. Hälfte 14. Jh.** Stifte und Klöster verfügten im Mittelalter über eigene Gerichtsbarkeit. Bei Verhandlungen konnte ein Zeremonialschwert die richterliche Gewalt symbolisieren (G 494a und b). 38 **Aus St. Georg, Georgs-Kruzifix, um 1065–1100**. Seit 1922 ist der Torso im Museum Schnütgen, während in St. Georg seit 1930 eine ergänzte Kopie hängt (vgl. St. Georg Nr. 15). Der Gekreuzigte aus St. Georg ist von überaus edler Form, die in der Schwingung des Körpers mit stilisiertem Lendentuch und dem hoheitsvollen Neigen des Kopfes seinen besonderen Ausdruck findet. Die trotz des schlechten und rudimentären Erhaltungszustandes aufgefundenen Farbreste bezeugen

auch bei dieser Skulptur eine starkfarbige Fassung (A 9). 39 **Wandmalerei, 2. Hälfte 14. Jh.**, am nördlichen Obergaden des Mittelschiffes. Dargestellt sind musizierende Engel zu beiden Seiten der Orgel, die sich ursprünglich hier befand, wo dann nach ihrer Entfernung ein Bild der hl. Cäcilie gemalt wurde. 40 **Von St. Maria im Kapitol, Figurengruppe, Anfang 14. Jh.**, aus dem Dreikönigenpförtchen (südöstliches Immunitätstor, dort Abgüsse). Die Steinskulpturen der Madonna mit Kind und der Hll. Drei Könige stehen stilistisch den Marmorfiguren der Mensa des Dom-Hochaltares (vgl. Nr. 15) nahe (Leihgabe des Stadtkonservators). 41 **Aus St. Ursula (?), zwei Doppel-Reliquienbüsten, um 1500, von Meister Tilman** (vgl. St. Ursula Nr. 25) (Leihgabe des Kölnischen Stadtmuseums). 42 **Aus St. Kunibert (?), um 1190–1200**. Die emaillierte Beschlagplatte aus Kupfer könnte vom Kunibertsschrein stammen (G 600).

ST. GEORG

GEORGSPLATZ/WAIDMARKT

OBEN: HL. GEORG MIT DRACHEN, 15. JH. (NR. 18)
RECHTS: AUSSENANSICHT VON NORDWESTEN

INNENANSICHT, 11. JH., REKONSTRUKTION, A. VERBEEK

Baugeschichte

Die ehemalige **Herrenstiftskirche**, eine dreischiffige, doppelchörige frühromanische Säulenbasilika mit Ostquerhaus und Hallenkrypta, befindet sich an einem städtebaulich besonders interessanten Standort: Sie liegt direkt vor dem römischen Südtor, dessen ehemaliger Standort am (Duffes-)Bach noch durch den Straßennamen »Hohe Pforte« tradiert wird. In römischer Zeit war hier eine durch Ausgrabungen belegte **Benefiziarier-Station**, eine Wache römischer Soldaten zum Schutz der wichtigen Ausfallstraße nach Süden. Auf einem Teil ihrer Fundamente entstand vermutlich in merowingischer Zeit das überlieferte **Cäsarius-Oratorium**. Sein Altarstandort blieb für den Kirchenneubau des 11. Jh. bestimmend und ist auch heute der Ort des Pfarraltares von St. Georg. **Erzbischof Anno II.** gründete hier 1059 ein Herrenstift, dessen Kirche 1067 geweiht wurde. Diese dreischiffige Säulenbasilika, die die Zeichnung zeigt, ist mit dem östlichen Querhaus und dem dreiteiligen Langchor über einer Hallen-

WESTCHOR, ENDE 12. JH.

krypta bis heute erhalten. Die Säulen sind überwiegend wiederverwendete Baustücke aus römischen Bauten. Das ursprünglich flachgedeckte Langhaus der Kirche wurde bereits in der Mitte des 12. Jh. gewölbt. Dafür stellte man zwischen die mittleren Säulen recht unbekümmert mächtige Pfeiler mit Wandvorlagen, die das zweiteilige Kreuzgratgewölbe des Mittelschiffes tragen. Die Stiftskirche war von Beginn an doppelchörig. Der zunächst halbrunde **Westchor** wurde Ende des 12. Jh. durch den bestehenden monumentalen Westchor erneuert. Dieser im Äußeren ungewöhnlich blockhafte Baukörper sollte wohl ursprünglich einen höheren Turmaufbau tragen, der im Konzert der Kölner Türme mitsprechen konnte. Es blieb aber beim massiven Unterbau, dessen barocke Bekrönung im Zweiten Weltkrieg zerstört und durch ein Notdach ersetzt wurde. Sein schlichtes Walmdach erwies sich in der Folge als so passend für unsere Zeit, dass es in dieser Form dauerhaft erneuert wurde.

Das **Innere dieses Westbaus** erweckt mit seiner mehrschaligen und sehr differenzierten Gliederung einen völlig anderen Eindruck. Unter einer großen Hängekuppel sind die drei umfassenden Wände des quadratischen Baukörpers in eine zweizonige Nischen- und Fensterarchitektur aufgelöst. Sie ruft mit einem jeweils großen mittleren und zwei begleitenden kleineren Bögen das Vorbild römischer Toranlagen in Erinnerung – zur Bauzeit stand ja in unmittelbarer Nachbarschaft noch das benachbarte römische Südtor. Die **fünfschiffige Hallenkrypta** des 11. Jh. mit Würfelkapitellen auf schlanken Säulen birgt eine der wenigen frühmittelalterlichen Bauinschriften. Auf dem nordöstlichen Kapitell steht: »Herebrat me fecit«. Kreuzgang und Stiftsgebäude, die östlich des dreiteiligen Chores lagen, wurden nach der Säkularisation abgebrochen, ebenso die nördlich gelegene Pfarrkirche St. Jakob (vgl. Nr. 1).

Die Veränderungen des 17. bis 19. Jh. wurden bei der durchgreifenden **Neugestaltung 1928–30** durch Wilhelm Schorn und Clemens Holzmeister rückgängig gemacht. Gleichzeitig erfolgte eine neue Interpretation romanischer Architektur durch Entfernung der damals ungeliebten Ausmalung des 19. Jh. und Betonung der Stein- und Putzsichtigkeit. Dabei wurden die Werksteinteile durch neue Scharrierung in einen raueren Zustand gebracht, als er jemals vorhanden war. Allerdings ging dabei viel von der ursprünglichen Substanz, insbesondere auch zahlreiche Steinmetzzeichen, verloren. Ergänzend zu diesem neuen ästhetischen Erlebnis von »Romanik« wurde eine starke Farbigkeit für die Glasfenster gewählt, die Johan Thorn Prikker 1930 in den expressionistischen Formen der späten 1920er-Jahre schuf. Holzmeister nahm auch die alte Tradition des Kreuzaltares auf, der an der Stelle errichtet war, wo sich in fränkisch-merowingischer Zeit das liturgische Zentrum des Cäsarius-Oratoriums befand. Der neue Altartisch mit dem von Wilhelm Powolny geschaffenen Tabernakel (vgl. Nr. 11) kam damit als Volksaltar wieder zwischen die Treppenaufgänge zum Hochchor, auf dem direkt darüber ein zweiter Altar seinen Platz fand, zur Messfeier mit dem Gesicht zur Gemeinde (versus populum) – der Beginn und der Anstoß zur Liturgiereform des Zweiten Vatikanischen Konzils (1962–65). Zu dieser insgesamt programmatischen Neugestaltung gehörte auch die betonte Aufstellung mittelalterlicher Ausstattungsstücke, wie die (ergänzte) Kopie des Georgs-Kruzifixes (vgl. Nr. 15) oder der Gabelkruzifixus (vgl. Nr. 7). Besondere Betonung verdient die damals erfolgte und wohltuend untergeordnete Aufstellung der Orgel im nördlichen Querhausflügel.

Der **Zweite Weltkrieg** hatte St. Georg schwer beschädigt. Der um 1930 nach Konzeption von Johan Thorn Prikker entstandene **Kreuzhof** (von der Vorhalle zugänglich) mit den Mosaiken von Wilhelm Schmitz-Steinkrüger (1936) birgt die Gräber jener Menschen, die in der Kirche bei dem furchtbaren Bombenangriff vom 2. März 1945 den Tod fanden. Nur die Krypta blieb unversehrt und diente umgehend als **Notkirche**, bis der Westchor mit dem anschließenden Langhausjoch genutzt werden konnte. Erst 1964 war der Wiederaufbau abgeschlossen, der sich an der Restaurierung von 1928–30 orientierte. Allerdings ist vor allem die Wandgestaltung im Inneren wesentlich glatter geworden. Das leider kaum zugängliche löwengeschmückte Südportal mit den eingestellten Säulen aus dem 12. Jh. wurde ebenso restauriert wie das davor gelegene Gittertor, das um 1925 in expressiven Formen durch W. Felten und Carl Wyland geschaffen wurde.

INNENANSICHT, UM 1930

KOPIE DES GEORGS-KRUZIFIXES, 1945

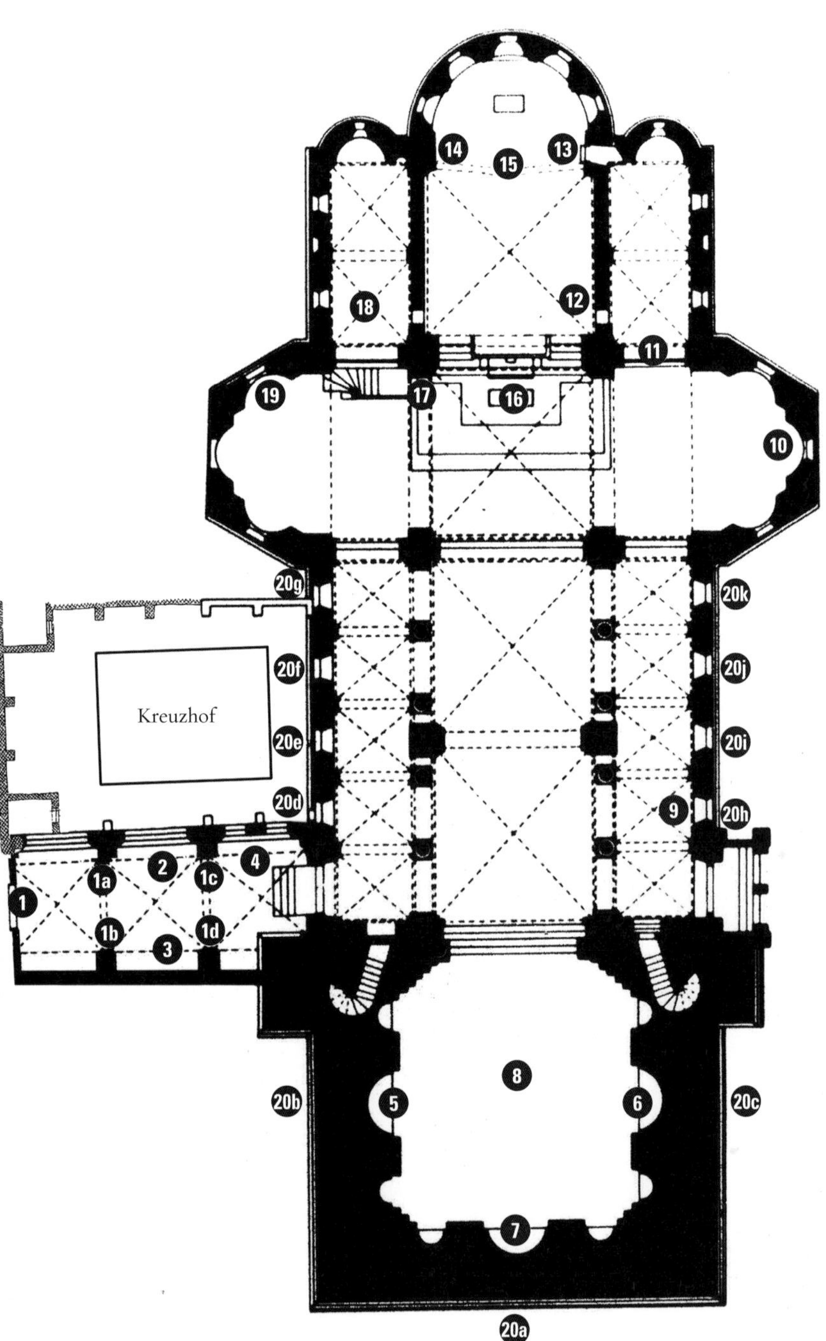
14
15
13
18
12
11
19
17
16
10
20g
20k
20f
20j
Kreuzhof
20e
20i
20d
9
20h
2
4
1a
1c
1
1b
1d
3
8
20b
5
6
20c
7
20a

1 Vorhalle, 1551/52
1a Samson u. Löwe
1b Zwei Männer
1c König David
1d Adam u. Eva
2 Hl. Judas Thaddäus
3 Kruzifix, 15. Jh
4 Christus, 16. Jh.
5 Hl. Petrus, um 1770
6 Hl. Paulus, um 1770
7 Gabelkreuz, vor 1400
8 Taufstein, 13. Jh.
9 Mutter Gottes, um 1913
10 Beweinung, vor 1558
11 Sakramentskapelle
12 Malerei, 12. Jh.
13 Epitaph, um 1545
14 Sakramentshaus, 1556
15 Georgs-Kruzifix, um 1065–1100 (Kopie)
16 Altarraum, 1963–66
17 Maria Immaculata, A. 18. Jh.
18 Schatzkammer, 2000
19 Orgel ,1969/70
20 Farbfenster, 1930–32
20a Hl. Georg
20b Hl. Jakobus
20c Hl. Anno
20d Fische
20e A u. O
20f Phönix mit Kreuzfahne
20g Agnus Dei mit sieben Siegeln
20h Fisch
20i Arma Christi mit Geißel, Lanze und drei Würfeln
20j IHS mit Trauben, Kelch, Ähren und Brot
20k Sanctus

1 **Vorhalle, 1551/52**. Dies ist der südliche Teil des Verbindungsganges zur einst nördlich gelegenen Pfarrkirche St. Jakob mit dem neuromanischen Stufenportal (1877) und dem Mosaik von Peter Hecker (um 1930): Erzbischof Anno II. und der drachentötende hl. Georg. Darüber die expressive Figurengruppe Maria mit Kind und den hll. Anno und Georg von Eduard Schmitz 1948 (vgl. Abb. S. 75). Schlusssteine im Inneren zeigen das Wappen des Propstes der Erbauungszeit, Johann Gebhard von Mansfeld (vgl. Nr. 10) sowie vom Wiederaufbau 1947/48 das Caritaszeichen. Mit den verzierten Gurtbögen, Wandpilastern und Kapitellen ist die Vorhalle eines der wenigen erhaltenen Bauwerke der Renaissance in Köln. Die vier Kapitelle zeigen Darstellungen aus dem Alten Testament: 1a **Samsons Kampf mit dem Löwen**, auf dem er rittlings sitzt, um ihn niederzuringen. 1b **Zwei Männer**. Ihre Zuordnung zu einem Kapitel des Alten Testaments harrt noch der Auflösung. 1c **König David mit der Harfe**. 1d **Adam und Eva**. Diese Darstellung des Sündenfalls ist eines der frühen Beispiele der öffentlichen Präsentation nackter Menschen in Köln (vgl. Groß St. Martin Nr. 12). 2 **Hl. Judas Thaddäus**. Die Holzskulptur ist eine neuere Kopie des untergegangenen Originals. Die zahllosen Widmungstafeln sind ein Beispiel der Verehrung für diesen Heiligen, der um Hilfe bei besonders schwerem Leid angerufen wird. 3 **Kruzifix, 2. Viertel 15. Jh.** Die Holzskulptur des Gekreuzigten ist farbig gefasst und stammt ursprünglich möglicherweise aus St. Jakob. 4 **Kniender Christus, 16. Jh.** Die Steinskulptur mit erhaltener Farbfassung stammt vielleicht aus dem früher gegenüber gelegenen Karmeliterkloster und gehörte zu einer Ölberg-Gruppe.

(5) **Hl. Petrus, um 1770**. Die Holzskulptur stammt vermutlich vom barocken Hochaltar. (6) **Hl. Paulus, um 1770**. Die Holzskulptur stammt vermutlich vom barocken Hochaltar. (7) **Cruzifixus Dolorosus (Gabelkreuz), vor 1400**, könnte aus dem ehemals gegenüber an der Severinstraße gelegenen Karmeliterkloster stammen. (8) **Taufstein, Anfang 13. Jh.**, mit ringsumlaufenden Blendarkaden, wurde erst nach dem Zweiten Weltkrieg hierhin versetzt. Den Bronzedeckel mit der Taube im Zentrum schuf Sepp Hürten 1971. (9) **Mosaik der Mutter Gottes, um 1913, von Johan Thorn Prikker** (1868–1932), der diese hoheitsvolle Darstellung nach einem Besuch der Mosaiken in Ravenna schuf. Inschrift: nos cum prole pia benedicat virgo maria (Die Jungfrau Maria mit dem Kind soll uns beschützen). Das Bild gelangte 1987 als Schenkung des Fördervereins Romanische Kirchen und des Erzbistums nach St. Georg. (10) **Beweinung Christi, vor 1558, von Barthel Bruyn**. Der ursprüngliche Standort des dreiteiligen Flügelaltares ist unbekannt, 1930 wurde er hier aufgestellt, von 1964–2000 stand er in der mittleren Ostapsis. Auf der zentralen Tafel ist die Beweinung Christi dargestellt. Der Auftraggeber des Gemäldes, Johann Gebhard von Mansfeld (Propst von St. Georg, ab 1558–62 Erzbischof von Köln), ist rechts unten in anbetender Haltung abgebildet, während der hinter ihm stehende hl. Georg auf dem Schild sein Wappen zeigt. Flankiert wird die Darstellung von der Kreuztragung auf der linken und der Auferstehung Christi auf der rechten Tafel. Die Außenseiten der Flügel zeigen in Grisaille-Malerei links die hll. Petrus und Anno und rechts Cäsarius und Georg.

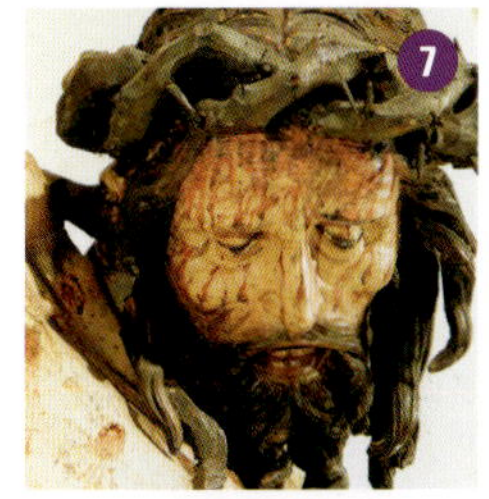

11 **Sakramentskapelle** im südlichen Nebenchor, wofür Sepp Hürten 1965 das an den brennenden Dornbusch gemahnende Rankenwerk aus Bronze sowie 1971 die Gittertür zum Hochchor mit der Darstellung des guten Hirten schuf. Das würfelförmige Goldbronze-Behältnis des Tabernakels mit betenden Engeln ist 1930 von Wilhelm Powolny geschaffen worden. 12 **Malerei, Mitte 12. Jh.** Diese Reste der einstigen Chorausmalung in den Rundbogenfriesen an der Südseite zeigen Figuren mit Schriftrollen (Propheten?). 13 **Epitaph, um 1545**, des Stiftsdekans Wilhelm Wichius (Wysch) von Rees (um 1475–1545). Es zeigt eine farbig gefasste Reliefdarstellung der Kreuzigung Jesu, vor der der Stifter kniet, hinter sich den hl. Georg als Fürsprecher. 14 **Sakramentshaus, 1556**, eine Stiftung von Wilhelm Wichius (Wysch) von Rees, das der Kölner Erzbischof Adolf von Schauenburg 1556 weihte. Zweigeschossig in reichen Renaissance-Formen errichtet, zeigt das Wandtabernakel im polygonalen Sockel Sündenfall, Melchisedek-Opfer und Mannalese. Über dem Tabernakel, dessen Tür und Gitter nach dem Zweiten Weltkrieg erneuert wurden, ist als Hauptrelief die lebhafte Darstellung des Letzten Abendmahles zu sehen, darüber die Reste einer Auferstehung. 15 **Georgs-Kruzifix, um 1065–1100**. Raumbeherrschend ist seit 1930 am Triumphbogen vor der Apsis die ergänzte Kopie des frühromanischen Monumentalkreuzes (nach dem Zweiten Weltkrieg noch einmal erneuert, vgl. S. 79). Das Original ist ein Torso, der sich seit 1922 im Museum Schnütgen befindet (vgl. St. Cäcilien Nr. 38). Das Original, das im Hinterkopf die Möglichkeit zur Aufnahme von Reliquien und Hostien hat, stand vermutlich ursprünglich in engerer Verbindung zum Kreuz-Altar.

(16) **Altarraumgestaltung, 1963–66, von Sepp Hürten**, mit Priesterbank, Altar, Leuchtern und Ambo. (17) **Maria Immaculata, Anfang 18. Jh.** Die Holzskulptur wird dem Umkreis des Gabriel de Grupello zugeschrieben. (18) **Schatzkammer, 2000, von Ingrid Bussenius**, im nördlichen Nebenchor. In schlicht-eleganten Vitrinen sind u. a. ausgestellt: das Georgs-Evangeliar vom Anfang des 12. Jh. mit dem schönen Deckel, der ein Elfenbeinrelief der Kreuzigung um 1050 umgeben von einem in vergoldetem Kupferblech gravierten Rahmen vom Ende des 15. Jh. mit Gottvater, Maria, dem hl. Georg (vgl. S. 74) und dem Kirchenerbauer Erzbischof Anno mit Modell der Kirche zeigt ; Kusstafel 1557. Silberguss mit Perlmutterrelief der Kreuzigung; drei hölzerne Halbfiguren des späten 18. Jh., deren eine Erzbischof Anno zeigt, der einst ein Kirchenmodell in der Hand hielt, das um 1980 gestohlen wurde. Die Gittertür zum Hochchor ist ein Abguss der gegenüberliegenden von 1971 (vgl. Nr. 11), in die eine Darstellung des hl. Georg eingefügt wurde. (19) **Orgel, 1969/70, der Fa. Romanus Seifert/Kevelaer**. (20) **Farbfenster, 1930–32, von Johan Thorn Prikker**. Die figürlichen Farbfenster waren im Zweiten Weltkrieg geborgen worden und blieben weitgehend erhalten, während die ebenfalls starkfarbigen, expressionistischen Ornamentfenster im Obergaden und den Seitenschiffen neu geschaffen werden mussten. (20a) **Hl. Georg**. (20b) **Hl. Jakobus**. (20c) **Hl. Anno**. (20d) **Fische**. (20e) **A und O**. (20f) **Phönix mit Kreuzfahne**. (20g) **Agnus Dei mit sieben Siegeln**. (20h) **Fisch**. (20i) **Arma Christi mit Geißel, Lanze und drei Würfeln**. (20j) **IHS mit Trauben, Kelch, Ähren und Brot**. (20k) **Sanctus**.

16

17

18

20a

20i

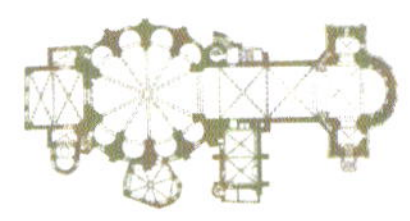

ST. GEREON

GEREONSHOF 4

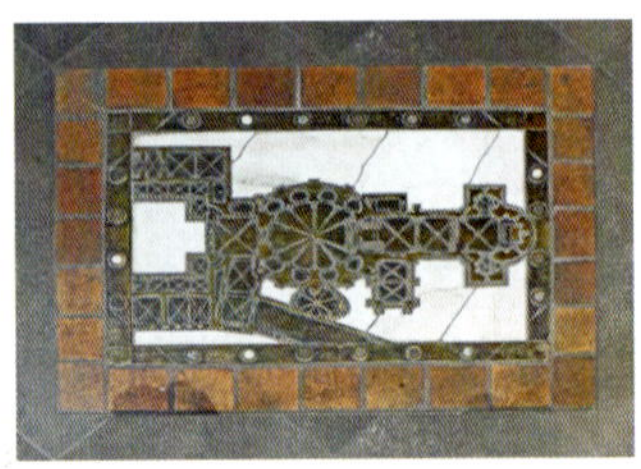

OBEN: BRONZETAFEL MIT GRUNDRISS IN DER VORHALLE, VON ANDREAS DILTHEY, 1984
RECHTS: AUSSENANSICHT VON WESTEN

HL. HELENA MIT MODELL DES OVALBAUS, UM 1550
(DETAIL AUS NR. 3)

Baugeschichte

Der Legende nach war der Gründungsbau der ehemaligen **Herrenstiftskirche** von der Mutter Kaiser Konstantins, der **hl. Helena**, Anfang des 4. Jh. zu Ehren der Thebäischen Märtyrer errichtet worden. Doch die Ausgrabungen nach dem Zweiten Weltkrieg zerstörten diese Legende, durch die aber der abendländischen Kunst einer der aufregendsten Sakralbauten beschert wurde. In römischer Zeit gab es hier, außerhalb der Stadt, einen Friedhof, und der monumentale Kuppelbau aus der Zeit um **350–65** mit den weitgehend original erhaltenen je vier halbrunden Anbauten (Konchen) im Norden und Süden und ehemals einer größeren halbrunden Apsis im Osten war wohl der Grab- oder

Memorialbau einer reichen Familie, deren Sarkophage in den Konchen standen. Die Ausstattung dieses Baus mit figürlichen Mosaiken war außerordentlich prächtig, wie die erste überlieferte schriftliche Nachricht durch Bischof Gregor von Tours (um 540–94) und Funde von Mosaikwürfeln belegen. Ein kleiner Rest des ursprünglichen Stiftmosaikbodens ist an vertiefter Stelle in der südwestlichen Konche zu sehen, wo auch der Ansatz einer Wandverkleidung aus Marmor zu erkennen ist (vgl. Nr. 10b). Von den Marmorsäulen, die einst das Innere zwischen den Konchen schmückten, hat sich möglicherweise ein Rest als sogenannte Blutsäule, auf die das Blut der Märtyrer gespritzt sei, erhalten (vgl. Nr. 10a). Im Westen hatte der römische Bau eine Eingangshalle, die in der Vorhalle tradiert wird, und ein säulenumstandenes Atrium, wo dann der im 19. Jh. abgebrochene Kreuzgang war. In der **Frankenzeit** (nach 455) wurde der prachtvolle römische Zentralbau als Kirche genutzt, wovon Gregor von Tours sehr anschaulich erzählt: »Bei Köln ist eine Kirche, in der 50 Männer aus jener heiligen Thebäischen Legion den Märtyrertod erlitten haben sollen. Und weil der wunderbare Bau mit seinem Mosaikschmuck wie vergoldet erglänzt, haben die Kölner sich gewöhnt, ihn ›Die Goldenen Heiligen‹ zu nennen.« Gregor von Tours berichtet ferner, dass die Leiber dieser aus Theben in Ägypten stammenden Märtyrer hier in einen tiefen Brunnen geworfen wurden. Leider konnte dieser wichtige Brunnen bisher nicht gefunden werden. Die namensgebende Legende von Gereon als Anführer der Thebäischen Legion entwickelte sich erst seit dem 7. Jh., als der Bau Haupt- und Begräbniskirche fränkischer Könige war. Ein später in der Achse der Kirche gefundenes Grab, dessen Inhalt als Reliquien des hl. Gereon gedeutet wurde, war vermutlich die Grabstätte eines königlichen Franken. Ein **Herrenstift ist 839** erstmals bezeugt. Es war nach dem Domstift das bedeutendste in Köln und nur hochadligen Kanonikern vorbehalten. In St. Gereon wurde 818 der erste Kölner Erzbischof, Hildebold, beigesetzt (vgl. Nr. 17), der auch einen Chorneubau mit einer Außenkrypta veranlasst hatte. Eine Legende, in der Erzbischof Anno von den ebenfalls hier bestatteten Märtyrern der mauretanischen Legion (vgl. Nr. 6) wegen Vernachlässigung im Traum verprügelt wurde, gab **1060–62** den Anlass für die Sanierung des Baus und für die Erweiterung mit einem neuen Langchor über einer Krypta. Als Folge dieser Bauarbeiten erhielt auch der Ovalraum eine Ausmalung (vgl. Nr. 22). Das

LINKS: CHORAUSSTATTUNG. AQUARELL, UM 1840, AUS DER SAMMLUNG JOHANN PETER WEYER. KÖLNISCHES STADTMUSEUM. RECHTS: CHOR, 2014

Chorhaupt wurde bereits **1151–56** unter Erzbischof Arnold von Wied durch die reichgegliederte Apsis mit den beiden Türmen über der erweiterten Krypta ersetzt. Dieser Chorabschluss der Mitte des 12. Jh. stellt mit der reich gegliederten halbrunden Apsis und den beiden seitlichen Türmen die Schauwand der Kirche dar und wirkte damit immer schon weit in die sehr breite mittelalterliche Prozessionsstraße, die Gereonstraße, die direkt auf diese Chorfassade zuführt. Im Inneren ist die Apsis mit ihrer Gliederung in mehreren Etagen und mit der Mehrschaligkeit der Gliederung das erste Beispiel dieser hochromanischen Gestaltung. In der Krypta sind die beiden Bauphasen des 11. und 12. Jh. ganz deutlich erkennbar. **1190** gestaltete man die Konfessio neu (vgl. Nr. 38). Durch die nächste große Baumaßnahme wurde **1219–27** der durch die Legende als Gründung der Helena geheiligte Ovalbau wie eine kostbare Reliquie zum Zehneck (Dekagon) ummantelt und mit der technischen Meisterleistung einer Kuppel überwölbt. Von der Ausmalung, die das Dekagon damals erhielt, gibt die **Taufkapelle von 1242–45** eine Vorstellung (vgl. Nr. 19). Die Sakristei entstand **1315–19** (vgl. Nr. 20), der Langchor erhielt in der **2. Hälfte des 14. Jh.** Gewölbe

Das 1885 von Franz Schmitz gezeichnete Baugefüge zeigt sehr deutlich den römischen Urbau von 350–65 mit den Konchen. In den ursprünglich darüber liegenden durchfensterten Tambour wurde beim Umbau 1219–27 die Emporenzone gesetzt und darüber der doppelte Lichtgaden mit Fächer- und Lanzettfenstern gebaut. Die den Bau in großer Höhe abschließende Kuppel wird von Rippen geprägt, deren Last auf den zwischen den Konchen befindlichen Diensten ruht. Ein abhängender Scheitelknauf fasst im Zentrum der Kuppel das sichtbare und sehr ausgewogene statische Gerüst dieser Konstruktion auch optisch zusammen.

und große Fenster. An der Außenwand sind die Formen der Fenster des 11. Jh. im Mauerwerk ablesbar. Von der Neuausstattung des **16. Jh.** sind ebenso noch Teile erhalten (vgl. Nr. 3, 23, 33, 34, 40, 41), wie von der des **17. Jh.** (vgl. Nr. 2, 6, 17, 26, 28, 30, 32, 42, 43 sowie auch Nr. 39). Nach der **Säkularisation von 1802** wurde St. Gereon Pfarrkirche und die nördlich gelegene Pfarrkirche St. Christoph abgerissen. Nur der kleine Friedhof (u. a. mit den Gräbern der Bombenopfer von 1945) erinnert noch daran sowie einige Bilder (vgl. Nr. 24, 27, 29). Die in den 1880er-/90er-Jahren erfolgte **historistische Gesamtausstattung** zerstörten Krieg und Wiederaufbau bis auf einige Figuren (vgl. Nr. 3, 15, 36) sowie die Pietá-Kapelle von 1895/98 (vgl. Nr. 7). Das Dekagon wurde im **Zweiten Weltkrieg** schwer beschädigt. 1946 wurde in der Krypta eine **Notkirche** eingerichtet und bereits 1949 der Hochchor als Gottesraum genutzt. Der statischen Meisterleistung von Wilhelm Schorn und Otmar Schwab ist die Rettung des Dekagons zu danken, das **1984 als Gottesdienstraum** endlich wieder genutzt werden konnte. Den im Krieg zerstörten und wiederaufgebauten nordwestlichen Strebepfeiler markiert außen die Friedenstaube von Theo Heiermann.

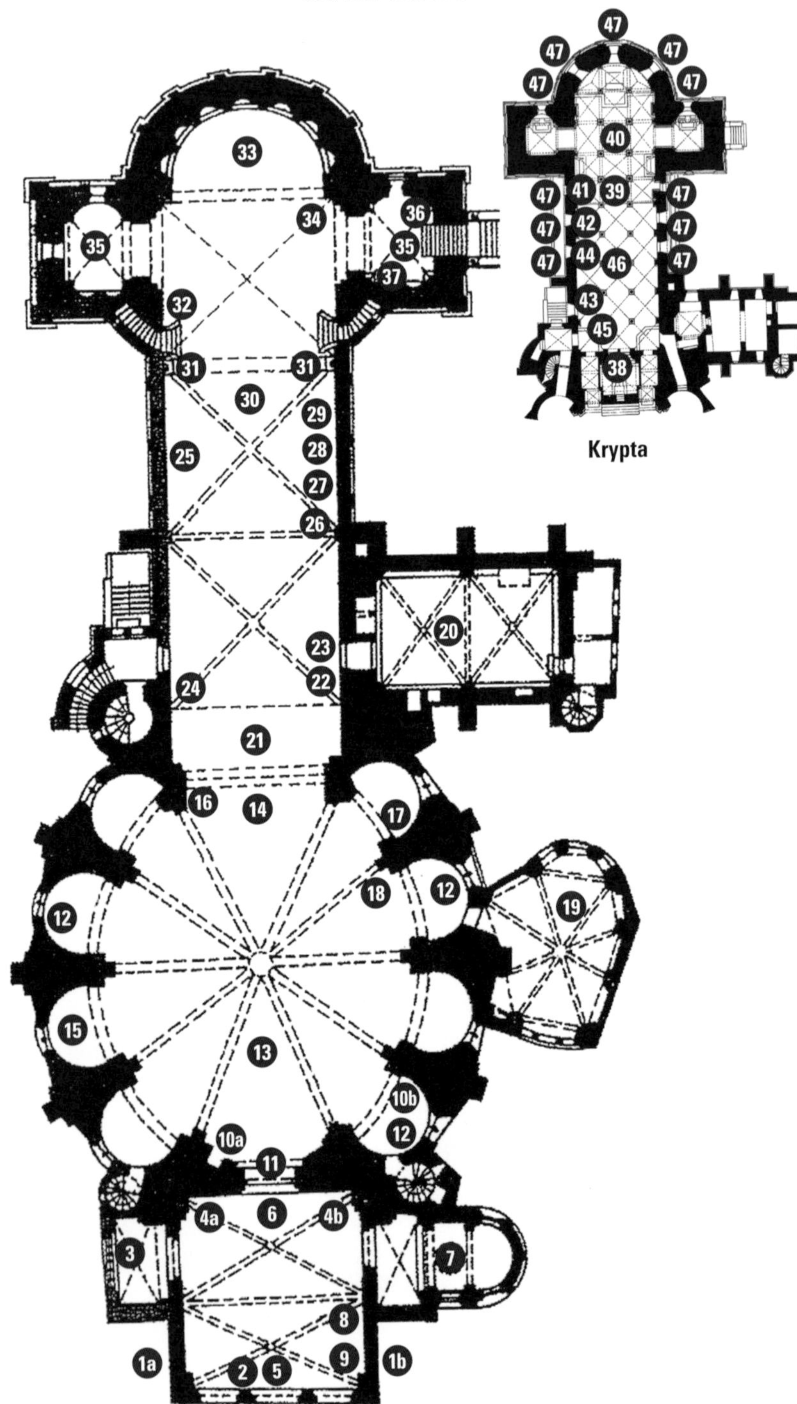

47
47
47
47
47
40
47
41
39
47
47
42
47
47
44
46
47
43
45
38
Krypta
33
34
36
35
35
37
32
31
31
30
29
25
28
27
26
20
23
22
24
21
16
14
17
18
12
19
12
15
13
10b
12
10a
11
6
4a
4b
3
7
8
9
1a
2
5
1b

- 1a Nordwestportal, 1920er-Jahre
- 1b Südwestportal, 1920er-Jahre
- 2 Hl. Christophorus, 17. Jh.
- 3 Helenakapelle
- 4 Löwen, 12./13. Jh.
- 5 Farbfenster, 1986
- 6 Christus u. Heilige, um 1230
- 7 Pietàkapelle, 1895/98
- 8 Grablegungsgruppe, 16. Jh.
- 9 Kreuzigungsgruppe, 15./19. Jh.
- 10a »Blutsäule«, (?) 4. Jh.
- 10b Stiftmosaikboden, 4. Jh.
- 11 Orgel, 2001
- 12 Sarkophage, um 1200
- 13 Fußboden, 1983/84
- 14 Farbfenster, 1982/85
- 15 Hl. Gereon, 19 Jh.
- 16 »Bibel«, 1997
- 17 Anbetung der Hirten, 17. Jh.
- 18 Madonna u. Kind, um 1430
- 19 Taufkapelle, 1242/45
- 20 Sakristei, 1315–19
- 21 Gereonsaltar, 1191
- 22 Prophet mit Apostel, um 1070
- 23 Christus u. Maria, 16. Jh.
- 24 Hl. Familie, um 1645/46
- 25 Josefslegende, vor 1767
- 26 Hl. Helena, nach 1635
- 27 Hl. Christophorus, um 1643/46
- 28 Kölner Heilige, 1635
- 29 Madonna u. Heilige, 1646
- 30 Standkreuz, um 1650
- 31 Zwei Engel, 1880
- 32 Sakramentshaus, 1608
- 33 Chorausstattung, 12. u. 20. Jh.
- 34 Reliquienschrank, 1520/30
- 35 Farbfenster, 1956
- 36 Pietà, um 1880
- 37 Bild E. Jansen, 1962
- 38 Konfessio, um 1190
- 39 Stiftmosaikboden, 1151/56
- 40 Retabel, um 1540
- 41 Maria u. Heilige, 16. Jh.
- 42 Reliquiar, 17. Jh.
- 43 Reliquiar, 17. Jh.
- 44 Schmiedeeisernes Kreuz, 19./20. Jh.
- 45 Hl. Judas Thaddäus, 1920er-Jahre
- 46 Gewölbemalereien, 13. Jh.
- 47 Farbfenster, 1964

1a **Nordwestportal 1920er-Jahre, von Lambert Schmidthausen**: oben Verkündigung, seitlich die hll. Johannes der Täufer und Johannes Evangelist. Bronzetüren mit Adler- und Fischkopf als Türklopfer. 1b **Südwestportal, 1920er-Jahre, von Lambert Schmidthausen**: oben Vertreibung aus dem Paradies, darunter Märtyrerköpfe, seitlich hl. Paulus und Melchisedek. Bronzetüren mit Wolfs- und Fischkopf als Türklopfer. 2 **Hl. Christophorus, 17. Jh.** Holzskulptur. 3 **Helenakapelle Epitaph** des Propstes Johannes Krytwyss gest. 1513 mit Kelch, Wappenschild und Helmzier. Sein Kopf ruht auf Büchern als Zeichen seiner Lehrtätigkeit an der 1388 gegründeten Kölner Universität. **Kruzifix mit Heiligen** um 1550. Öl auf Holz. (von links) die hll. Silvester, Gereon, Maria Magdalena, Helena mit Kirchenmodell, Hildebertus (=Hildebold). Darüber **Schriftfenster** von Georg Meistermann 1986 mit dem Beginn des Johannes-Evangeliums. **Hl. Helena** 1890/1900 farbig gefasste Holzskulptur. 4 **Löwen, 12./13. Jh.** Die beiden Steinskulpturen wurden nicht für diesen Standort geschaffen: Der linke (4a) ist aus dem 12. Jh. das Loch im Rücken zeigt, dass er einst eine Säule trug, der rechte (4b) ist aus dem 13. Jh. und hat ein Lamm in den Klauen. Daneben Epitaphien. 5 **Farbfenster, 1986, von Georg Meistermann:** Wurzel Jesse, hl. Michael (links), hl. Raphael (rechts) 6 **Christus mit den hll. Gereon und Helena, um 1230**. Wandmalerei im Bogenfeld, lateinische Inschrift des 17. Jh., die von den in der Kirche verehrten Märtyrern berichtet: Gereon mit 318 Gefährten sowie Gregorius Maurus mit 360 Gefährten. Gitter aus den 1920er-Jahren von Hans Hansen und Heinrich Hecker.

7 **Pietà und Kapelle, 1895–98, von Anton Josef Reiss und Heinrich Krings**. Für die Schenkung der Marmorskulptur wurde die prachtvolle historistische Kapelle erbaut, die, wie durch ein Wunder, Krieg und Wiederaufbau überstand. Die Fenster, die Wilhelm Teuwen 1955/56 für den Chor (vgl. Nr. 32) geschaffen hatte, wurden hierhin versetzt und von Irene Hugot gerahmt. 8 **Grablegungsgruppe, Anfang 16. Jh.** Die ehemals farbig gefassten Steinskulpturen stammen aus St. Martin in Linz/Rhein und wurden 1884 von Alexander Schnütgen erworben. 9 **Kreuzigungsgruppe, 15. Jh. (Kruzifix) und 1859 (Maria und Johannes)**. 10a **»Blutsäule«, 4. Jh. (?)**. Der Säulenstumpf könnte vom Ursprungsbau stammen. Er ist aber zugleich mit der Überlieferung verbunden, dass auf ihn das Blut der Märtyrer spritzte und er daher Sünder identifizieren kann, was eine Inschrift dahinter auch ausdrücklich benennt. 10b **Stiftmosaikboden und Wandverkleidung, 4. Jh.**, als kleiner Rest auf dem ursprünglichen Fußbodenniveau. 11 **Orgel, 2001, Fa. Weimbs, mit Prospekt von Elmar Hillebrand**. 12 **Sarkophage**. Von den einst sieben Sarkophagen in den Nischen sind nur zwei im Süden erhalten sowie ein Rest davon im Norden. Darin wurden um 1200 Gebeine als Reliquien geborgen. 13 **Fußboden, 1983/84, nach Entwurf von Elmar Hillebrand und Andreas Dilthey**, verlegt von Josef Kaps mit zahlreichen Darstellungen sowie Inschriften aus der Apokalypse.

14 Farbfenster 1982-85, von Georg Meistermann und Wilhelm Buschulte. Das von dem Theologen Prof. Wilhelm Nyssen entworfene Programm zeigt von G. Meistermann in der obersten Zone Propheten und Apostel sowie Deesis und Pfingsten. Darunter in der Zone der Fächerfenster die Evangelistensymbole und apokalyptische Reiter sowie die Anbetung der Hll.Drei Könige. Im Emporengeschoss sind von W. Buschulte allgemein und insbesondere für Köln wichtige Heilige vertreten, während er die Fenster der Konchen 1986/87 mit schlichten geometrischen Mustern füllte, die eine Reverenz an die römische Architektur sein sollen. **15 Hl. Gereon, 19. Jh.** Holzskulptur **16 »Bibel«, 1997, von Unterbezirksdada** aus dem Zyklus »Das 6. Siegel« von Cornel Wachter und Elmar de Saint Schmitt für St. Gereon gestiftet. Das »Buch der Bücher« ist als Bronzeobjekt in den Tuffstein, der ehemals im Gewölbe von St. Severin versetzt war, eingelassen und wird von Seilen in Kreuzform gefesselt. Das Kunstwerk steht in direkter Beziehung zum Ambo, an dem Gottes Wort verkündet wird. **17 Anbetung der Hirten, 1. Hälfte 17. Jh.** Öl auf Holz. Im Fußboden dieser Konche die neue Grabplatte für Erzbischof Hildebold. **18 Madonna mit Kind, um 1430.** Die zur Gruppe der Schönen Madonnen gehörende Holzskulptur stammt aus der abgebrochenen Stiftskirche St. Maria ad gradus.

19 Taufkapelle. Dieser 1242–1245 erbaute achtseitige Zentralraum war von Anbeginn dem hl. Johannes dem Täufer geweiht und wurde mit Heiligenfiguren (u. a. die hll. Gereon und Gregorius Maurus) in dem für die Zeit typischen Zackenstil ausgestattet. Das spätromanische achteckige Taufbecken erhielt 1931 den neuen Messingdeckel mit bekrönender Taube. Der Flügelaltar von 1515 zeigt auf der Mitteltafel die Kreuzigung mit Maria und Johannes sowie die hll. Paulus (?) (links) und Margarethe (rechts). Auf den Flügeln die hll. Georg (links) und Christophorus (rechts). Der Altar von Vincenz Statz 1860. **20 Sakristei.** 1315–1319 gebaut mit reicher Maßwerkverzierung und um 1330 entstandenen Farbfenstern, die u.a. Darstellungen der Anbetung der Hll. Drei Könige und die hll. Gereon und Gregorius Maurus zeigen. Die Baldachine darüber von Wilhelm Buschulte 1975. Jetzt Schatzkammer. **21 Gereonsaltar, 1191.** Hinter dem Altar urspünglich ein Podest für den Gereonsschrein (vgl. St. Severin Nr.35 und St. Ursula Nr.35). Adlerpult 16./17.Jh., Unterbau 20. Jh. **22 Prophet mit Apostel auf den Schultern, um 1070**. Wandmalerei. Nach dem Chorneubau von 1060–62 musste auch der antike Ovalraum neu gestaltet werden, der anstelle der antiken Mosaiken eine überaus qualitätvolle Neuausmalung erhielt, von der dieser abgenommene Teil stammt. **23 Schmerzensmann und trauernde Maria, Anfang 16. Jh.** Sakristeitüren in flachem Holzrelief mit Schriftbändern über den Figuren: »Ecce homo« und »Mater dolorosa«. Der süddeutsche Charakter der Darstellung könnte auf eine Stiftung des aus Esslingen stammenden Propstes Johannes Krytwyss (vgl. Nr.3) hinweisen.

15

16

18

19

22

24 Hl. Familie mit hl. Anna, um 1645/46 aus der Werkstatt von Erasmus Quellinus. Das Ölbild auf Leinwand stammt aus St. Christoph **25 Josefslegende, vor 1767.** Der in Aubusson geschaffene Wandteppich zeigt drei Szenen der Josefslegende: (von links) Begegnung von Josef und Jacob, Zug Jacobs nach Ägypten, Josef und seine Brüder. Der ursprünglich auf der Wand gegenüber hängende zweite Teppich mit den Szenen: Josef wird von seinen Brüdern verkauft, Josef deutet die Träume des Pharao, Triumph des Josef verbrannte im Zweiten Weltkrieg ebenso wie das prachtvolle Chorgestühl um 1315 und die darüber aufgehängten Reliquiare von 1685/88 (Abb.S.90, der Teppich ist zum Schutz meist verhängt). **26 Hl. Helena, nach 1635, von Jeremias Geisselbrunn**. Die Marmorskulptur ist der einzige erhaltene Teil des barocken Hochaltars. **27 Martyrium des hl. Christophorus, um 1643/46, von Johann Hulsmann?** Das Ölbild auf Leinwand stammt aus St. Christoph. **28 Kölner Heilige 1635 von Johann Hulsmann und Johann Toussyn.** Öl auf Leinwand. Vom ehemaligen Sebastiansaltar, der ehemals in der nordwestlichen Konche des Zentralbaus stand, ist nur das Altarbild »Die Verehrung der Hl. Dreifaltigkeit durch die Heiligen der Stadt Köln« erhalten. Im unteren Teil die schöne Stadtansicht, über der der »Kölner Himmel« mit seinen zahlreichen Heiligen wacht. **29 Madonna mit Kind und Heiligen, 1646, von Johann Hulsmann.** Das Ölbild auf Leinwand stammt aus St. Christoph. **30 Standkreuz von Jeremias Geisselbrunn, um 1650. Skulptur aus Alabaster.** 2019 wieder am originalen Standort aufgestellt (vgl. Abb. S.90). **31 Zwei Engel, 1880.** Die beiden Bronzeleuchter auf Drachenfüßen gehörten zum Tabernakelaufbau des Gereonsaltares (vgl. Nr.21). 32 **Sakramentshaus, 1608, von Wendelin Beyschlag** mit den Reliefs des Abendmahls und Christus am Ölberg. Ursprünglich war es von einer Kreuzigungsgruppe bekrönt und stand weiter östlich am Beginn der Apsis. Stiftung des Kanonikers Everhard Müller von Hagen. 33 **Chorausstattung, 12. und 20. Jh.** Wandmalerei um 1160: In der Wölbung thronender Christus in der Mandorla mit Maria und Johannes, darunter Evangelistensymbole Löwe und Stier. In der Fensterzone stehen Soldatenheilige (wohl u.a. Gereon, Gregorius Maurus) auf kleinen Figuren, die wohl Ungläubige darstellen. In den unteren Nischen stehen schwertschwingende Bischöfe auf kleinen Figuren als Symbolen des Bösen. Der einst zugehörige Mosaikfußboden (Geschichte von David und Samson) neu verlegt in der Krypta (vgl. Nr.39). Die Farbfenster mit der Verkündigung und dem Geist Gottes wurden 1983 von Georg Meistermann anstelle der Ornamentfenster von Wilhelm Teuwen (vgl. Nr.7) geschaffen. In den drei Erdgeschossnischen, in denen wegen der im 17. Jh. bis hierhin verlängerten Fenster, die im 19. Jh. zurückgebaut wurden, ist keine Wandmalerei erhalten. In der Mittelnische seit 2020 Hl. Gregorius Maurus um 1520. Wohl rechter Flügel eines Triptychons. Die Tafel befand sich davor im Pfarrhaus. 34 **Reliquienschrank mit Holztüren, 1520/30.** Dargestellt sind die hll. Gereon und Helena mit Modell der Kirche (2019 restauriert und wieder am originalen Standort angebracht). 35 **Figürliche Farbfenster Wilhelm von Teuwen, 1956.** 36 **Pietà, um 1880.** Farbig gefasste Holzskulptur. 37 **Bild Kölner Kirchen von E. Jansen, 1962.**

30

32

33 34

36

38 (Krypta) Konfessio, um 1190, mit der Dreiergruppe von Steinsarkophagen (vgl. Abb. S. 9), deren Gesamtform dem gleichzeitigen Dreikönigenschrein entspricht. In den Sarkophagen Gebeine der legendären Thebäischen Legion. Die daneben ausgestellten Kalksteinplatten mit eingelegten Mustern aus rotem und grünem Porphyr könnten von einer Chorschranke stammen (9. Jh. ?). Im Bogenfeld Wandmalerei um 1300: Kreuzigung Christi mit den hll. Maria und Johannes sowie Gereon (links) und Helena (rechts).

39 (Krypta) Stiftmosaikboden

Beim Bau des Ostchores 1151–56 gehörte zu dessen aufwendiger Ausstattung nicht nur die Wandmalerei, sondern auch ein figürlicher Stiftmosaikboden mit Darstellungen aus den Geschichten von Samson und David. Dieser wurde bei der Neugestaltung des Chores 1635–40 in Bruchstücken vor allem in die Turmkapellen der Krypta verlegt. 1867–71 erfolgte die Neugestaltung und ergänzende Neuverlegung in Reihen und gerahmten Einzelfeldern.

Von vorne nach hinten und von rechts nach links:

1. Reihe: Samson bezwingt den Löwen, Samson trägt die Tore von Gaza, Samson im Schoß der Delila.

2. Reihe: Samson wird geblendet, Samson reißt die Säulen im Saale der Philister ein.

3. Reihe: David bekämpft Goliath mit der Schleuder, Jonathan gibt David seinen Rock, David enthauptet Goliath, David tötet den Löwen, David wird von Samuel gesalbt, David flieht durch das Fenster.

Hinter dem Altar, der 1956 nach vorne versetzt wurde: thronender König David, Zwölf

Tierkreiszeichen. 40 **(Krypta) Retabel aus Tuffstein, um 1540**. Das Renaissance-Retabel auf einer romanischen Altarmensa zeigt den Gekreuzigten im zentralen Feld begleitet von Maria und Johannes. Im unteren Bereich sind die hll. Anno und Mauritius sowie auf den äußeren Konsolen in Profilansicht und wesentlich kleiner vermutlich ein Diakon und ein Kanoniker. Auf den Deckplatten der seitlichen Kapitelle stehen die hll. Gereon und Helena. Auf der Spitze des Mittelgiebels thront die Madonna mit dem Kind, das die Hll. Drei Könige anbeten und der hl. Josef begleitet. Alle Zwickel sind von nackten geflügelten Putti bevölkert. Vielleicht stand das Retabel ursprünglich im Hochchor, was die Fülle prominenter Heiliger nahelegen würde. Im Zuge der Neuausstattung des 17. Jh. wäre es dann in die Krypta gebracht worden, wo es in der Apsis stand, bis es 1956 zwei Joche weiter nach Westen versetzt wurde. 41 **(Krypta) Maria mit Kind und Heiligen, 16. Jh.** Die drei Ölbilder auf Steinplatten zeigen den hl. Andreas mit Stifter (links) und die hl. Katharina (rechts) zuseiten von Maria, die das Kind anbetet. 42 **(Krypta) Reliquiar mit Ornament von Gebeinen und Kruzifix, 17. Jh.** 43 **(Krypta) Reliquiar mit IHS, 17. Jh.** 44 **(Krypta) Kruzifix mit Stifter auf schmiedeeisernem Kreuz, 19./20. Jh.** 45 **(Krypta) Hl. Judas Thaddäus, 1920er-Jahre**, Holzskulptur. 46 **(Krypta) Gewölbemalereien, 13. Jh.**, nur noch teilweise erhalten. 47 **Farbige Ornamentfenster, 1964, von Alfred Manessier**. Die für die Krypta als Notkirche geschaffenen Apsisfenster von Wilhelm Teuwen wurden in den beiden Turmkapellen des Chores eingesetzt.

40

41

43

44

45

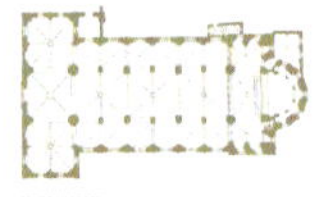

ST. KUNIBERT

KUNIBERTSKLOSTER 6

OBEN: HL. KUNIBERT MIT MODELL DER KIRCHE, UM 1540/50 (NR. 25)
RECHTS: AUSSENANSICHT VON OSTEN

689

CHORFENSTER, UM 1220/30 (NR. 32)

Baugeschichte

Die ehemalige **Herrenstiftskirche**, eine dreischiffige Basilika mit türmeflankiertem Ostchor und turmbekröntem Westquerhaus entstand als letzte der großen romanischen Kirchen in Köln und als letzte der romanischen Kirchen wurde sie nach dem Zweiten Weltkrieg wiederhergestellt. Erst am 3. Oktober 1993 konnte die Feier zu ihrer Vollendung stattfinden, nachdem es zwischenzeitlich sogar so ausgesehen hatte, als ob sie unvollständig bleiben würde. Dies wurde aber glücklicherweise durch die 1981 gezielte Gründung des **Fördervereins Romanische Kirchen Köln e. V.** verhindert. Gerade mit Bezug auf die unvergleichliche architektonische und städtebau-

LEUCHTER, UM 1500

liche Vielfältigkeit der Kölner romanischen Kirchen war die kunsthistorische Forderung nach dem Wiederaufbau von Westquerhaus und Turm gerechtfertigt. Zusätzlich konnte argumentiert werden, dass dieser westliche Teil der Stiftskirche einst vor allem der Pfarre diente, die hier, ähnlich wie in St. Aposteln und St. Severin, zusammen mit den Stiftsherren die Kirche nutzte. Ob der in einem ehemals profanen und früher von außen zugänglichen Raum unter dem Chor vorhandene Brunnen, der als **legendärer Kölner Kinderborn** gilt, ein heidnisches Wasser-Heiligtum war, das durch die Anlage der Kirche christlich überformt werden sollte, ist ungeklärt. Auf jeden Fall gründete oder erneuerte Bischof Kunibert (ca. 623–63) hier außerhalb der Stadt am nördlichen Rheinufer eine dem **hl. Clemens** geweihte Kirche, in der er vermutlich bestattet wurde und in der man um 690 die von den Sachsen getöteten Brüder Ewaldi, angelsächsische Missionare, beisetzte. Einer Legende nach waren sie durch den Brunnen unter der Kirche angeschwemmt worden. 866 ist hier erstmals ein Herrenstift genannt, das Mitte des 11. Jh. einen dreischiffigen Neubau mit türmebekröntem Westbau erhielt. 1074 erhob man die Gebeine der beiden Ewaldi und 1168 die von Kunibert zur Ehre der Altäre. Spätestens seither ist der hl. Kunibert, der seit dem 9. Jh. schon verehrt wurde, der Hauptpatron der Kirche. Die Gebeine der Heiligen befinden sich, aufgestellt im Chor, im Ewaldischrein und im Kunibertschrein, deren äußere Hüllen im 19. Jh. neu geschaffen wurden. Allerdings entnahm man damals die kostbaren Textilien (vgl. Nr. 6). Der ab etwa **1215–47 errichtete Neubau** der dreischiffigen gewölbten Basilika mit doppeltürmigem Chorhaupt über einem kryptenartigen Brunnenraum und mit breitausladendem Westquerhaus erhielt bis 1261 das obere Geschoss des Westturmes. Das Fehlen ausreichender Fundamente für diese Erhöhung und die jahrhundertelangen Bauprobleme mit dem Turm legen den Schluss nahe, dass seine Höhe nicht von Anbeginn geplant war. Der **Wiederaufbau seit 1982** nach der Planung von Leo Hugot und Otmar Schwab hat diesen ursprünglichen »Planungsfehler« nur durch eine massive Verstärkung der Tragkonstruktion beheben können. Diese führte zu bedauerlichen, aber unvermeidlichen Einschnürungen im Inneren des Westquerhauses und beeinträchtigt seine lichte Weite, wie sie erfreulicherweise fast unverändert im vergleichbaren Westquerhaus von St. Aposteln zu sehen ist. Die Form der Innenraumfassung der 1950er-Jahre, wie sie mit ihren hellen Wandflächen und den ornamentierten Gliederungen im Chor und im Langhaus von St. Kunibert durch Willy Weyres, Karl Band und Hans Heider bereits angelegt war, wurde 1991/92 in das Westquerhaus übernommen. Im östlichen Langhausjoch lassen die auf hohen Sockeln stehenden Gewölbedienste erkennen, dass hier das Gestühl der Stiftsherren in einem bis ins Mittelschiff verlängerten **Stiftschor** stand. Vor seiner westlichen Schranke war der Kreuzaltar, an dem der Pfarrgottesdienst stattfand, der allerdings im Spätmittelalter an einen eigenen Volksaltar im südwestlichen Querhaus verlegt wurde.

Mit der Aufhebung des Stiftes 1802 erhielt die Pfarre die gesamte Kirche. Allerdings stürzte der Westturm 1830 ein, nachdem der gesamte Westbau bereits 1827 wegen Baufälligkeit gesperrt worden war. Dies bedingte die Entfernung der Abschrankung des

WESTQUERHAUS GEWÖLBE

Stiftschores, um Platz für die Gläubigen zu schaffen. Erhalten aber blieb die auf diesen abgeschrankten Stiftschor ausgerichtete Figurengruppe der Verkündigung an den östlichen Mittelschiffpfeilern (vgl. Nr. 30). Wie die **farbige Gesamtausstattung des Mittelalters** die Innenarchitektur belebte, zeigen die zahlreich erhaltenen Wandmalereien im Chorbereich. Original erhalten sind hier und an zwei Langhauspfeilern auch die säulengeschmückten Altäre.

Vor allem aber vermitteln die romanischen Farbfenster des Chorhauptes, die ältesten erhaltenen in Köln, mit ihrem kräftigen Kolorit die einst prachtvolle Farbgestaltung im romanischen Innenraum. Außer diesen ungewöhnlich zahlreichen Ausstattungsstücken der Erbauungszeit haben sich auch in St. Kunibert besonders viele Skulpturen und Gemälde aus dem 16. Jh. erhalten. Interessant dabei ist die wiederholte Darstellung des Modells der Kirche (vgl. Nr. 25, 27, 28, 42). Wie in den meisten anderen Kirchen ist auch hier wenig aus der Barockzeit und aus dem 19. Jh. erhalten. Aus dem 20. Jh. sind besonders hervorzuheben der Kreuzweg (vgl. Nr. 7) und die Schatzkammer (vgl. Nr. 6).

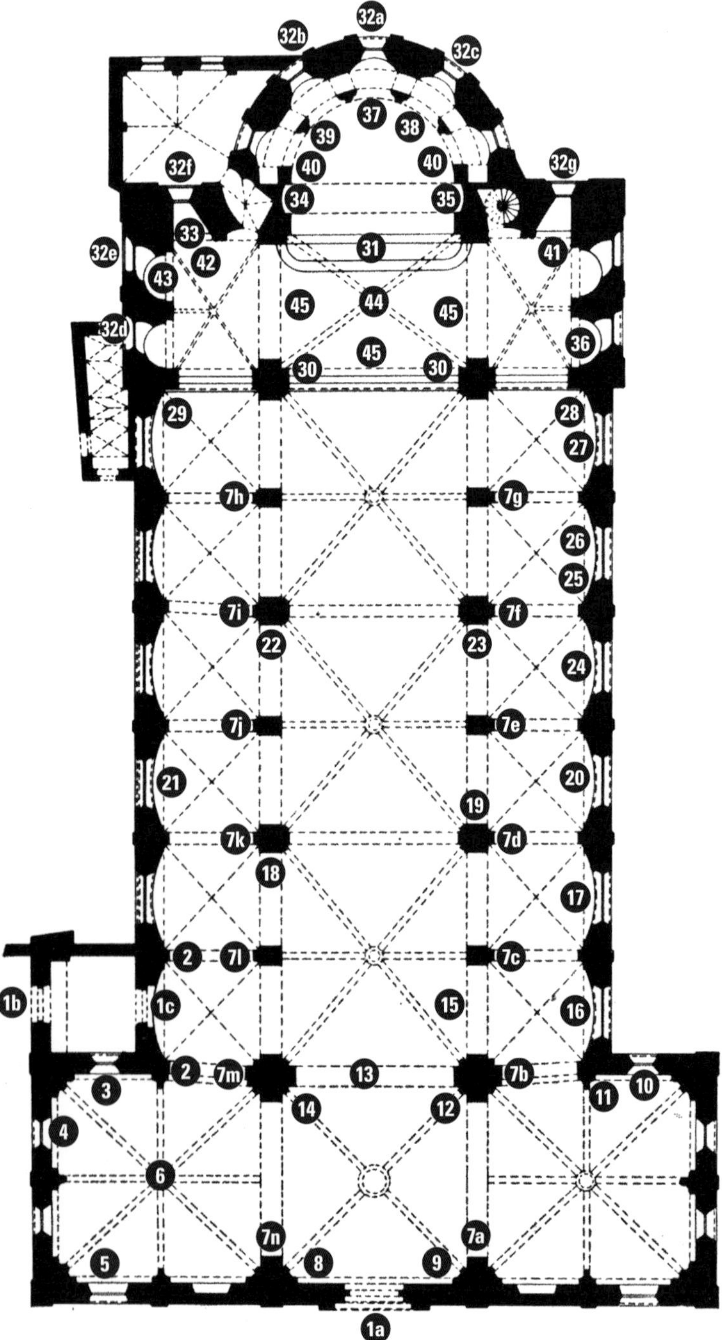
32a
32b
32c
37
38
39
40
40
32f
32g
34
35
33
31
41
32e
42
43
45
44
45
32d
45
36
30
30
29
28
27
7h
7g
26
25
7i
7f
22
23
24
7j
7e
21
20
19
7k
7d
18
17
2
7l
7c
1b
1c
15
16
2
7m
13
7b
11
10
3
14
12
4
6
7n
7a
5
8
9
1a

1a Westeingang, 1987/90
1b Nordportal außen, 1955/56
1c Nordportal innen, 1955
2 Zwei Weihwasserbecken, um 1700
3 Madonna u. Heilige, 15. Jh.
4 Hl. Judas Thaddäus, 20. Jh.
5 Hl. Antonius, 20. Jh.
6 Schatzkammer, 1997
7 Kreuzweg, 1959/60
8 Kalvarienberg, 16. Jh.
9 Hl. Clemens, um 1500
10 Kreuzigung und Grablegung, 1500/05
11 Sakramentsnische, 13./14. Jh.
12 Madonna mit Kind, 15. Jh.
13 Leuchter mit Kruzifix, um 1500
14 Hl. Quirinus, um 1500
15 Orgel, 1992/93
16 Porträt, 18. Jh.
17 Porträt, 1624
18 Auferstehung u. a., 16. Jh.
19 Johannes, um 1540/50
20 Eingang zur Notkirche, 1947
21 Beichtstuhl, 1953/54
22 Altar, 1312, u. Christus mit Thomas, 16. Jh.
23 Altar, 1321, u. Pietà, 15. Jh.
24 Ecce Homo, 16. Jh.
25 Kreuzigung, um 1540/50
26 Grablegung, 16. Jh.
27 Auferstehung, 1525/30
28 Jüngstes Gericht, um/nach 1556
29 Anbetung der Könige, 16. Jh.
30 Verkündigungsgruppe, 1439
31 Hauptaltar u. a., um 1220/30
32 Farbfenster, um 1220/30
32a Wurzel Jesse
32b Clemenslegende u. hl. Cordula
32c Kunibertlegende u. hl. Ursula
32d Hl. Cäcilia
32e Hl. Katharina
32f Maria mit Kind, 1865
32g Hl. Johannes der Täufer
33 Marienleben, um 1220/30 u. 1880er-Jahre
34 Reliquienschrank, 1210/20
35 Sakramentshaus, 15. Jh.
36 Kreuzigung, um 1260/70
37 Kreuzigung, um 1470/80
38 Kunibertschrein, 1869
39 Ewaldischrein, 1879
40 Leuchter, 19. Jh.
41 Messe des hl. Gregor, 1502
42 Kreuzigung, 1482
43 Prozessionslaternen, um 1770
44 Kinderbornplatte, 1955
45 Ambo u. Sedilien, um 1980/90

1a **Westeingang, 1987–90, von Toni Zenz**. Tympanon mit Jüngstem Gericht. Bronzeportal mit Szenen des Neuen Testaments (oben) und des Alten Testaments (unten). 1b **Nordportal außen, 1955/56, von Karl Matthäus Winter und Elmar Hillebrand**. Hier war früher der Eingang für die Chorherren aus dem Kreuzgang. Das Holzportal von Winter zeigt Jakobs Traum, wie die Engel auf- und niedersteigen, während Jakob als Türgriff (Hillebrand) schlafend liegt. 1c **Nordportal innen, 1955, von Elmar Hillebrand**. Holzportal mit Szenen der Clemenslegende und des Brandes der Kirche. 2 **Zwei Weihwasserbecken, um 1700**. 3 **Madonna und Heilige, 2. Hälfte 15. Jh.**, (wohl) von Antonio del Rincón, Öl auf Holz. Dieser Mittelteil eines Altarretabels wurde 1909 erworben und für den Marienaltar verwendet (heute dort Nr. 10). 4 **Hl. Judas Thaddäus, 20. Jh.**, Holzskulptur. Der Sockel ist vermutlich die Mensa des ehemaligen Jakobusaltares 1885. 5 **Hl. Antonius, 20. Jh.**, Holzskulptur. Der Sockel ist eine Mensa mit Mosaikeinlagen, 1881–83, von Heinrich Nagelschmidt. 6 **Schatzkammer, 1997**, von Ingrid Bussenius. Das transparente Schatzhaus birgt schöne Reliquienbüsten (u. a. Antonius-Bartreliquiar von 1222) und im Zentrum den modernen Behälter mit der Ewaldidecke (10. Jh.) aus dem Ewaldischrein und dem sassanidischen Seidenstoff mit Jagdszenen (um 800) aus dem Kunibertschrein, deren Abbildungen seine Abdeckung zieren. Sie werden Anfang November im Original ausgestellt. 7 **Kreuzweg, 1959/60**, von Elmar Hillebrand. Bronze. 8 **Kalvarienberg, Ende 16. Jh.**, Öl auf Holz. Die Nachtszene der Kreuzigung eines wohl flämischen Malers zeigt im Zentrum Christus mit Maria Magdalena

am Kreuzfuß und den um den Rock Würfelnden im Vordergrund. Links unter dem Kreuz mit dem reuigen Schächer stehen die Trauernden Maria und Johannes. 9 **Hl. Clemens, um 1500**, Holzskulptur. 10 **Kreuzigung und Grablegung, 1500/05, von Meister Tilman** und Werkstatt. Holzskulpturenteile eines größeren Passionsretabels. Die helle Elfenbeinfassung wurde im 18. Jh. angelegt. Hier stand ursprünglich der Pfarraltar, während das Passionsretabel wohl zum Kreuzaltar beim Lettner (zwischen Nr. 22, 23) gehörte. 11 **Sakramentsnische für den Pfarraltar, 13./14. Jh.** 12 **Madonna mit Kind, Ende 15. Jh.**, Holzskulptur. 13 **Leuchter mit Kruzifix, um 1500**. Der in Art eines Gabelkruzifixus auf stilisiertem Baum gestaltete fünfarmige Leuchter aus Bronze (vgl. Abb. S. 105) stand vermutlich auf dem Lettner (ehemals zwischen Nr. 22, 23). 14 **Hl. Quirinus, um 1500, von Meister Tilman**, Holzskulptur. 15 **Orgel, 1992/93**, von Fa. Th. Kuhn/Schweiz. 16 **Porträt, 1. Hälfte 18. Jh.**, Öl auf Leinwand. Das schöne barocke Porträt könnte einen Stiftspropst darstellen. 17 **Porträt des Dekans Sigismund zum Pütz, 1624**, Öl auf Holz. Dem damals Dreißigjährigen erscheint in der rechten oberen Ecke Maria mit Kind als Vision. 18 **Auferstehung und Himmelfahrt Christi, 2. Hälfte 16. Jh.**, (wohl) Bruyn d. J. Die Seitenflügel eines Triptychons, dessen Mitteltafel verloren ist.

19 **Johannes der Täufer und der Evangelist, um 1540/50**, Öl auf Holz. Dies sind die später von Bartholomäus Bruyn d. Ä. entstandenen Seitenflügel von Nr. 27. 20 **Eingang zur Notkirche, 1947**. Die vier östlichen Joche waren die Notkirche mit der Taufkapelle als Chor. Der Eingang mit Windfang und Bronzeportal von Elmar Hillebrand. 21 **Beichtstuhl, 1953/54**. 22 **Altar mit Retabel, 1312, und Christus mit ungläubigem Thomas, Anfang 16. Jh.**, Holzskulptur aus Würzburg. Das Retabel stammt vom ehemaligen Quirinusaltar von 1312, das im 19. Jh. vom eingestürzten Westbau unter den Reliquienschrank (vgl. Nr. 34) und Ende 20. Jh. hierhin versetzt wurde. Seine Maßwerkfelder sind bemalt mit der Kreuzigung, Heiligen und Stiftern. 23 **Altar mit Retabel, 1321, und Pietà, Anfang 15. Jh.**, Steinskulptur. Das Retabel stammt vom ehemaligen Margarethenaltar von 1321, das im 19. Jh. vom eingestürzten Westbau unter das Sakramentshaus (vgl. Nr. 35) und Ende 20. Jh. hierhin versetzt wurde. Seine Maßwerkfelder sind bemalt mit Kreuzigung, Heiligen und Stiftern. 24 **Ecce Homo, Mitte 16. Jh., Werkstatt Bartholomäus Bruyn d. J.**, Öl auf Holz. Rechts Christus und Pilatus, links kniet ein Kanoniker als Stifter. 25 **Kreuzigung, um 1540/50, Umkreis Bartholomäus Bruyn d. Ä.**, Öl auf Holz. Rechts der Stifter Bernhard Görgen und der hl. Kunibert mit dem Modell der Kirche, das hohe Turmhelme im Osten und einen niedrigen Helm im Westen zeigt. 26 **Grablegung Christi, 2. Hälfte 16. Jh.**, Umkreis Bartholomäus Bruyn d. J., Öl auf Holz. Links kniet ein Kanoniker als Stifter.

(27) Auferstehung Christi, 1525/30, von Bartholomäus Bruyn d. Ä., Öl auf Holz. Der Auferstehende wird von den hll. Maria und Ursula mit ihrer Schar sowie dem knienden Stifter (links) und den hll. Arnold und Kunibert (rechts) begleitet. Das Kirchenmodell zeigt Turmhelme wie bei Nr. 25. Zu den Seitenflügeln vgl. Nr. 19. **(28) Jüngstes Gericht, um/nach 1556, Umkreis Bartholomäus Bruyn d. Ä.**, Öl auf Holz. Der sogenannte Meinerzhagenaltar ist ein Triptychon, dessen Mitteltafel das Jüngste Gericht zeigt. Der thronende Christus zwischen Maria und Johannes im oberen Teil, die Auferstehenden im unteren: links die Gerechten, rechts die Verdammten. Auf den Flügeln Madonna mit Kind auf der Mondsichel (links), St. Kunibert mit Modell der Kirche (rechts). Auf den Außenseiten die Verkündigung in Grisaillemalerei. **(29) Anbetung der Hll. Drei Könige, 16. Jh.**, Öl auf Holz. Das Triptychon zeigt links die Anbetung der Hirten und rechts die Beschneidung Jesu. Enge Verbindung zu Groß St. Martin Nr. 11. **(30) Verkündigungsgruppe, 1439, (wohl) von Konrad Kuyn**. Dieses Hauptwerk des späten Weichen Stils der Gotik in Köln zeigt Erzengel Gabriel mit opulenter Lockenfülle im Norden und Maria am Adlerpult im Süden. Sie sind raumübergreifend aufeinander bezogen, was durch die ehemals hier vorhandene Abschrankung für den Stiftschor noch stärker wirksam wurde. Über Maria ist die Halbfigur Gottvaters, zu ihren Füßen kniet der kleine Stifter, der durch eine Inschrift der Engelskonsole als Hermanus de Arcka mit der Jahreszahl 1439 benannt ist. **(31) Hauptaltar und Fußboden, um 1220/30** (vgl. Abb. bei Nr. 37).

32 **Die Farbfenster, um 1220/30** (vgl. auch Abb. S. 104), sind die ältesten erhaltenen in Köln, zeigen den Muldenfaltenstil und geben mit ihrem kräftigen Kolorit zusammen mit den erhaltenen Wandmalereien (vgl. Nr. 33–36) einen Eindruck der einst prachtvollen Farbgestaltung im romanischen Innenraum. Als einziges Fenster der ergänzenden Neugestaltungen der 1860er-Jahre ist das Marienfenster (vgl. Nr. 32f) erhalten, da es im Zweiten Weltkrieg ebenfalls ausgebaut wurde – vermutlich wurde es als mittelalterliches Original angesehen (Sybille Fraquelli), was zweifellos für seine Qualität sprach und spricht! Bis auf das Clemensfenster (vgl. Nr. 32b) sind in allen romanischen Fenstern kleine betende Stifterfiguren zu sehen. 32a **Wurzel Jesse als Stammbaum Christi**. Unten liegt Jesse, aus dessen Körper ein Ast emporwächst, der sich nach oben zu Medaillons erweitert, die die Verkündigung, die Geburt Christi, den Kreuzestod, seine Auferstehung und die Himmelfahrt enthalten. Im obersten Gipfel des Baumes thront Gottvater. In den Verästelungen sind Propheten mit Spruchbändern sowie Engel und Heilige zu sehen. Im Fenster darunter ist das **Ewigkeitssymbol der unendlichen Schlange aus den 1950er-Jahren** von Will Thonett. 32b **Clemenslegende**. Unten sitzt der Heilige in einem Taufbecken, darüber sieht man seine Verbannung durch Kaiser Trajan, gefolgt vom Wasserwunder im Marmorbruch

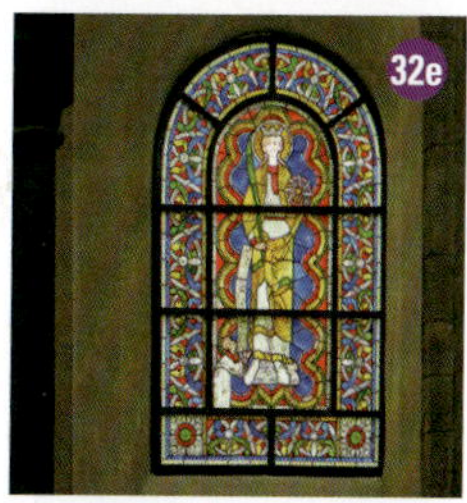

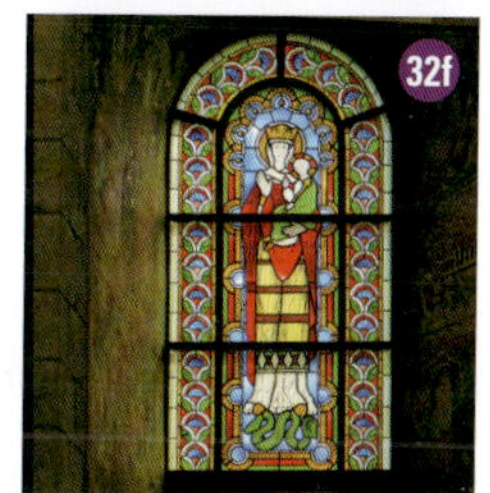

von Chersones, seinem Verbannungsort. Dort findet ein Lamm, nach Clemens' Gebet, eine Quelle und rettet so die Arbeiter vor dem Verdursten. Diese werden daraufhin Christen und stürzen die Götzenstatue um. Kaiser Trajan ist darüber erbost und verurteilt Clemens zum Tod durch Ertränken, was die beiden Männer rechts im Boot auch sogleich durchführen. Das oberste Bild zeigt den Leichnam des hl. Clemens, der am Jahrestag seines Todes in einem marmornen Tempel aus dem Wasser steigt. Im Fenster darunter Standfigur der **hl. Cordula**. Diese Gefährtin der hl. Ursula steht auf einem Schiff als Hinweis auf ihren Versuch, sich zu verstecken. Pfeil und Palme aber weisen darauf hin, dass sie sich dem Martyrium stellte. **32c** **Kunibertlegende**. Unten schläft Kunibert als Page des Königs Dagobert, der durch den auf Kunibert fallenden Lichtstrahl merkt, dass dieser ein Heiliger ist. Darüber nimmt Kunibert Abschied vom Hofe, um Priester zu werden. Darüber wird Kunibert vom König zum Bischof von Köln ernannt. Das folgende Bild zeigt das Wunder in St. Ursula, wo sich während der Messe des Bischofs Kunibert eine Taube in der Kirche niederließ, als Hinweis auf das bis dahin unbekannte Grab der hl. Ursula. Das oberste Bild zeigt Tod und Beerdigung des hl. Kunibert, während ein Engel seine Seele in einem Tuch zum Himmel bringt. Im Fenster darunter Standfigur der **hl. Ursula**. Sie trägt als Attribute den Pfeil und die Märtyrerpalme. **32d** **Hl. Cäcilia**. Sie trägt das Evangelium und als Zeichen ihres Martyriums das Schwert. **32e** **Hl. Katharina** mit Palme und Rad, ihrem Folterwerkzeug. **32f** **Hl. Maria mit Kind, 1865, nach Entwurf Michael Welter**, Ausführung Peter Grass. Die Gottesmutter steht auf einer Schlange. **32g** **Hl. Johannes der Täufer** mit dem Gotteslamm und dem Spruchband »Ecce Agnus Dei ecce qui tollit«.

33 Szenen aus dem Marienleben, um 1220/30 und 1880er-Jahre, von Matthias Goebbels, Wandmalerei. Im Gewölbe Marienkrönung, darunter Thronende Maria mit Kind, links: Verkündigung, Geburt Christi, rechts von unten: Darbringung im Tempel, Mariae Tod. Die Altarmensa dieses Marienaltares wurde 1226 geweiht. **34 Reliquienschrank und Wandmalereien, 1210/20**. Die wertvollen Reliquien (Partikel des hl. Kreuzes, Bart des hl. Antonius, Arm des Nikolaus, Armpartikel des hl. Georg) wurden 1222 in diese Nische mit der Wandmalerei der Kreuzigung mit Maria, Johannes, Ecclesia und Synagoge gegeben. Darüber hl. Antonius als Einsiedler im Strohgewand, hl. Nikolaus von Myra mit den drei Jungfrauen und den Jünglingen im Bottich, oben zwei Engel mit Kreuz. **35 Sakramentshaus, 15. Jh.**, mit Malerei der Kreuzigung auf der Türe und begleitenden Heiligen und Engeln. Darüber Christus und seine Jünger, 1865, von Michael Welter. **36 Kreuzigung, um 1260/70**, Wandmalerei. Die expressive Darstellung des Gekreuzigten mit Maria und Johannes gilt als ein Höhepunkt des Kölner Zackenstils. Die zentrale Blattwerkkonsole deutet darauf hin, dass hier die Heilig-Kreuz-Reliquie einen neuen Standort fand (vgl. Nr. 34). Der Taufstein (Mitte 13. Jh., verändert 19. Jh.) kam erst im 19. Jh. aus dem Westbau hierhin, wohin er 1596 aus St. Servatius übertragen worden war.

37 **Kreuzigung Christi, um 1470/80, vom Meister der Georgslegende**. Links Verklärung, rechts Auferstehung Christi. Auf den Außenseiten u. a. die hll. Ewaldi. Das im 19. Jh. in die Sammlung Lyversberg gekommene Triptychon (Öl auf Holz) kehrte 1998 aus Bonn an seinen angestammten Platz zurück. 38 **Kunibertschrein, 1869**, vom Bildhauer Meinen nach Plänen von A. Kleinertz und H. Nagelschmidt. Er enthält den mittelalterlichen Holzschrein mit den Gebeinen des Bischofs (vgl. Nr. 6). 39 **Ewaldischrein, 1879**, von O. Mengelberg und C. Hermeling. Er enthält den mittelalterlichen Holzschrein mit den Gebeinen der Heiligen (vgl. Nr. 6). 40 **Leuchter, 19. Jh.** 41 **Messe des hl. Gregor, 1502**, Öl auf Holz. Rechts die hll. Augustinus und Pamphilius, links die hll. Hieronymus und Ambrosius mit Stifter Detmar Bersworth. Altarmensa von 1226 (Weihe). 42 **Kreuzigung, 1482, vom Meister der Aachener Schranktüren**. Zu Füßen des Kreuzes kniet Johannes de Berka, Theologieprofessor an der Kölner Universität (gest. 1482). Rechts der hl. Kunibert mit Modell der Kirche. 43 **Prozessionslaternen, um 1770**. Die aus Holz geschnitzten und vergoldeten Laternen sind bekrönt von Engeln. 44 **Kinderbornplatte, 1955, von Elmar Hillebrand**. Schieferskulptur. Das Relief des Kinderreigens liegt direkt über dem Kunibertspütz (Brunnen), aus dem der Legende nach der Storch die Kölner Kinder holt. 45 **Ambo und Sedilien, um 1980/90**, wohl von Egino Weinert.

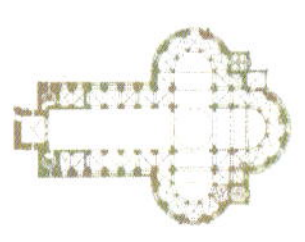

ST. MARIA IM KAPITOL

KASINOSTRASSE 6

OBEN: MODELL DER KIRCHE VIELLEICHT IN DER HAND VON ÄBTISSIN IDA (NR. 6)
RECHTS: KLEEBLATTCHOR MIT DER BEIM WIEDERAUFBAU ENTSTANDENEN NEUEN REGELMÄSSIGKEIT DER DREI APSIDEN. IM VORDERGRUND DIE TRAUERNDE VON GERHARD MARCKS, 1949

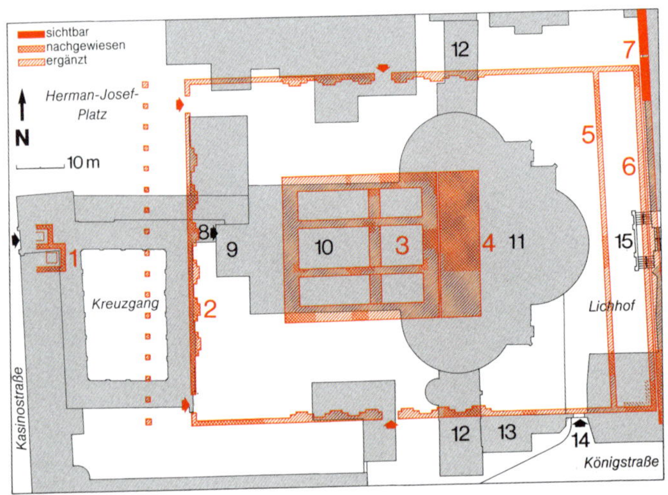

GRUNDRISSE VON RÖMISCHEM KAPITOLSTEMPEL UND KIRCHE ST. MARIA IM KAPITOL (NACH GERTA WOLFF)

Baugeschichte

Die ehemalige **Damenstiftskirche** tradiert in ihrem Namen den Standort des römischen **Kapitolstempels,** dessen Giebelfront zum Rhein ausgerichtet war, der in römischer Zeit noch am Fuße der östlichen Treppenanlage von 1895 vorzustellen ist. Zwar ist erst seit 1189 der Name »S. Maria in Capitolio« überliefert, aber die Bauuntersuchungen und Ausgrabungen des 20. Jh. brachten den endgültigen Beweis, dass sich in römischer Zeit an dieser erhöhten Stelle tatsächlich der Kapitolstempel befunden hatte, der den römischen Göttern Juno, Jupiter und Minerva gewidmet war. Der **Lichhof** im Osten lässt die Begrenzung von Tempelbezirk und nachfolgender Immunität des Konvents gut erkennen. In der Flucht der antiken Mauer liegt im Süden des Lichhofes als Immunitätstor auch das sogenannte Dreikönigenpförtchen mit der Figurengruppe der Anbetung der Hll. Drei Könige vom Anfang des 14. Jh., deren Originale im Museum Schnütgen sind (vgl. St. Cäcilien Nr. 40). Auf dem

Lichhof (= Leichenhof, Friedhof) steht die Figur der Trauernden von Gerhard Marcks (1949) als Erinnerungsmal für die Toten Kölns im Zweiten Weltkrieg sowie eine Basaltstele als Denkmal für die seit 1994 an Aids Gestorbenen. **Um 690** soll in dem römischen Tempelbezirk die Frau des Hausmeiers Pippin, Plektrudis (vgl. Nr. 14, 33), einen Damenkonvent mit Marienkirche gegründet haben. Erzbischof Bruno, der Bruder Kaiser Ottos I., gründete hier **im 10. Jh.** ein Benediktinerinnenkloster und ließ dafür möglicherweise einen Neubau errichten, der ein Saalbau mit Westbau (vergleichbar St. Pantaleon) gewesen sein könnte. In Brunos Testament von 965 wird der Bau großzügig bedacht. Ganz besonders aber nahmen sich die Urenkel Kaiser Ottos I., Erzbischof Heriman II. und vor allem seine Schwester, Äbtissin Ida (vgl. Nr. 6), dieses Standorts an. Sie veranlassten um **1040–49/65** einen Neubau, der im Mittelschiff möglicherweise Bezug nimmt auf den Saalbau Erzbischof Brunos und sich in den Ausmaßen des Langhauses an dem Umfang des römischen Tempels orientierte. Erhalten haben sich bis heute: ein basilikales Langhaus mit dominantem Mittelschiff und schmalen gewölbten Seitenschiffen, die sich als Umgang um das kleeblattförmige Chorhaupt ziehen, sowie die Hallenkrypta. 1049 gab es eine erste Weihe, bei der

ÖLGEMÄLDE VON 1908 MIT HISTORISTISCHER AUSSTATTUNG

NOTKIRCHE, NACH 1945, IM NÖRDLICHEN SEITENSCHIFF

Papst Leo IX. in Anwesenheit von Kaiser Heinrich III. den Kreuzaltar konsekrierte, die Hauptaltarweihe erfolgte 1065 durch Erzbischof Anno II. Der **Kleeblattchor** ist das erste Beispiel einer innovativen Bauform, die danach wiederholt variiert wurde (vgl. Groß St. Martin, St. Aposteln). Ob diese spezielle Grundrissgestalt des kleeblattförmigen Dreikonchenbaus ihr Vorbild in dem erstaunlich übereinstimmenden Chor der Geburtskirche in Bethlehem (vgl. Nr. 27) hat oder ob es in Köln in dieser Zeit zu einer unabhängigen Neuschöpfung kam, muss offen bleiben. Ein Vierungsturm (vgl. Nr. 6) wurde nach zweimaligem Einsturz nicht mehr aufgerichtet. Die **Westturmgruppe** des 11. Jh., deren Erscheinung im folgenden Jahrhundert noch monumentalisiert wurde, war in der Nachfolge von St. Pantaleon zu sehen (vgl. Abb. S. 16, links). Im Äußeren seit dem 17./18. Jh. nur noch eingeschränkt vorhanden, erhielt sie nach dem Zweiten Weltkrieg einen schlichten Backsteingiebel. Im Inneren aber birgt dieser Bau mit der **Westempore** unverändert ein Zitat kaiserlichen Anspruchs. Die Öffnung dieser Empore nimmt mit ihrer Arkade, die mit einer zweiteiligen Säulenstellung geschmückt ist, unverkennbar Bezug auf die gleichartigen Emporen der Pfalzkapelle Karls des Großen in Aachen. Von der Ausstattung des 11. Jh. ist die **Bildertür** erhalten geblieben (vgl. Nr. 10). **Um 1240** erfolgte die Wölbung des Mittelschiffes (vgl. Nr. 9). Nach der **Schlacht von Worringen 1288**, in der die Kölner die Unabhängigkeit vom Erzbischof als Stadtherrn erreichten, wuchs St. Maria im Kapitol allmählich die Rolle einer offiziellen »Stadtkirche« zu. Hier wurden die Bürgermeister eingeführt oder die offiziellen Trauerfeiern beim Tod wichtiger Persönlichkeiten des Reiches abgehalten. Zahlreiche opulente Stiftungen der Bürgermeisterfamilien künden noch heute von dieser wichtigen städtischen Funktion, wie die **Maßwerkschranken** (vgl. Nr. 26), die **Kapellen** (vgl. Nr. 29 und 23) und vor allem der **Lettner** (vgl. Nr. 18), der durch die Versetzung nach Westen im 18. Jh. der Zerstörung im Zweiten Weltkrieg, dessen Bomben ganz besonders den östlichen Teil trafen, entging. Die **Notkirche** entstand durch Abmauerung des nördlichen Seitenschiffes (vgl. Nr. 15). Der **Neuaufbau** durch Willy Weyres und Wilhelm Hartmann verfolgte die Vision einer Wiedergewinnung des Originalzustandes des 11. Jh., schuf aber ein gegenüber allen historischen Epochen völlig verändertes architektonisches Erscheinungsbild, das geprägt ist von der im 20. Jh. so dominanten Vorliebe für Stein- und Putzsichtigkeit mit älteren Farbfenstern (vgl. Nr. 12, 16, 20, 23, 28, 29) sowie im Südseitenschiff mit den von Willy Weyres 1956 entworfenen Rasterfenstern aus Basaltlava mit Ornamentscheiben von Franz Pauli. Wilhelm Buschulte schuf 1979 die schönen Ornamentfenster der Krypta und 1995 die vielleicht allzu zarten Obergadenfenster, während Dieter Hartmann in seinem Michaelsfenster im Westbau (vgl. Nr. 2a) starke Farben einsetzte. Mittelalterliche Ausstattungsstücke sind prominent platziert (vgl. Nr. 6, 10, 14, 15, 17, 23, 24, 25, 26), der Renaissancelettner wurde wieder nach Osten versetzt (vgl. Nr. 18) und einige erhaltene Barock-Kunstwerke (vgl. Nr. 30, 31, vgl. auch Nr. 8, 13, 14) sowie sogar solche des Historismus (vgl. Nr. 1, 3, 11, 13, 28) wurden präsentiert. Der **Kreuzgang** liegt im Westen, seine Aufbauten sind aus dem 19. und 20. Jh.

CHOR UND OSTSEITE DES LETTNERS

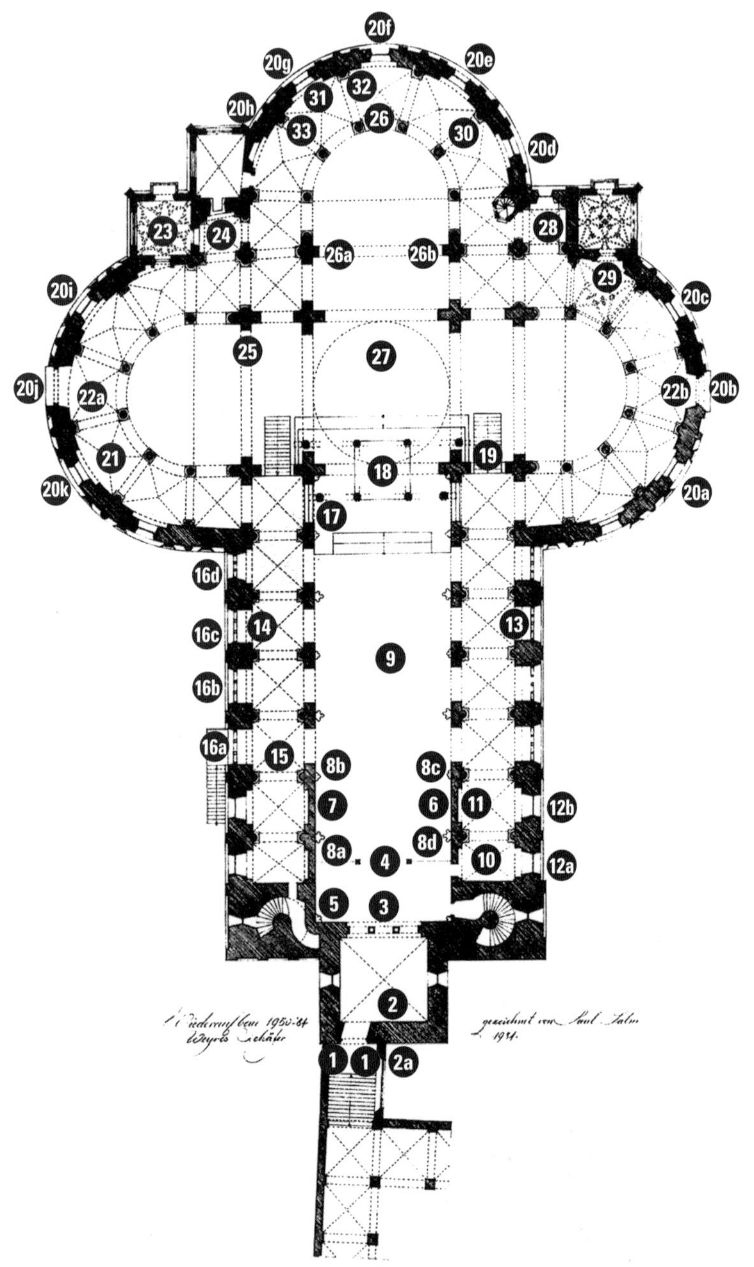
20f
20g
20e
32
31
26
20h
33
30
20d
23
24
28
26a
26b
29
20i
20c
25
27
20j
22a
22b
20b
21
18
19
20k
20a
17
16d
14
13
16c
9
16b
16a
15
8b
8c
7
6
11
12b
8a
8d
4
10
12a
5
3
2
1
1
2a

1 Zwei Löwen, 1875
2 Grablegungsgruppe, 16. Jh.
2a Hl. Michael, um 1985
3 Hirsche am Brunnen, 1875/78
4 Gitter, um 1677
5 Grabsteine, 17. Jh.
6 Reliefplatte, um 1280/90
7 Maria vom Guten Rat, 1777
8 Apostelbilder, 1765–67
8a Philippus
8b Apostel
8c Matthias
8d Judas Thaddäus
9 Holzdecke, 1956
10 Bildertür, vor 1065
11 Walknochen
12 Hellerfenster, um 1510/20
13 Grabplatte Ida, um 1870
14 Grabplatte Plektrudis, um 1170
15 Madonna, um 1200
16 Farbfenster, 15./16. Jh.
16a Berchem-Fenster, nach 1481
16b Hubertusfenster, um 1500
16c Ursulafenster, nach 1500
16d Heisterfenster, um 1467
17 Madonna, um 1300
18 Lettner, 1517–23
19 Zugang zur Krypta
20 Farbfenster, 1938/39 (1977/84)
20a Äbtissin Ida
20b Erzbischof Bruno
20c Hl. Hermann Joseph
20d Äbtissin Adelheid
20e Erzbischof Anno
20f Maria mit Kind
20g Plektrudis
20h Hl. Martin
20i Hl. Petrus Canisius
20j Papst Leo IX.
20k Hl. Vitalis
21 Taufbecken, 1594
22a Bildertür, um 1984/85
22b Bildertür, um 1984/85
23 Hirtzkapelle, 1493
24 Gabelkreuz, 14. Jh.
25 Madonna, um 1180/90
26 Maßwerkschranken u. Stifter, 1464 u. um 1450
27 Fußboden, 1980–84
28 Fenster, um 1500, u. Pietà, 1870/75
29 Hardenrathkapelle, 1466
30 Madonna, um 1777
31 Christus, 1677
32 Sakramentshaus, 14. Jh.
33 Sarkophag, 8. Jh.

1 **Zwei Löwen, 1875, von der Kanzel** (vgl. Abb. S. 121). 2 **Grablegungsgruppe, Anfang 16. Jh.**, für das Grabdenkmal von Heinrich Berchem (gest. 1508), der mit seinem Wappen zu Füßen des toten Christus kniet (vgl. Nr. 16a). Farbig gefasste Steinskulpturen. 2a **Hl. Michael, um 1985, von Dieter Hartmann**. Farbfenster der Westempore. 3 **Hirsche am Brunnen, 1875–78**. Rest des Fußbodenmosaiks nach Entwurf von August Essenwein (vgl. Abb. S. 121), der in der Vierung lag und 1984 in den neuen Fußboden (vgl. Nr. 27) integriert wurde (vgl. auch Nr. 24). 4 **Schmiedeeisernes Gitter, um 1677**, stand einst vor dem barocken Hochaltar in der Ostkonche. 5 **Äbtissinnen-Grabsteine, 17. Jh.**, mit den Wappen der für dieses Damenstift geforderten 16 adligen Ahnen. 6 **Gotische Reliefplatte der Plektrudis oder der Ida, um 1280/90** (vgl. Abb. S. 118). Die farbig gefasste Steinskulptur, die erst seit dem späten 19. Jh. als Plektrudis bezeichnet wurde, gilt nicht mehr als Grabplatte der Gründerin (vgl. Nr. 33 und 14), sondern ggf. als zusätzliches Epitaph. Der Vorschlag, die weibliche Figur, vor allem wegen des Modells der Kirche, als Äbtissin Ida zu interpretieren, da sie die Bauherrin des Neubaus im 11. Jh. war, wird kontrovers diskutiert, hat aber viel für sich. Das Modell zeigt den innovativen Kleeblattchor des 11. Jh. mit dem später verschwundenen Vierungsturm. 7 **Maria vom Guten Rat, 1777, von Johann Jacob Schmitz**. Das Ölbild auf Leinwand aus der Klosterkirche der Augustiner-Eremiten (ehemals Hohe Straße/Augustinerplatz, 1807 abgebrochen) ist die Kopie eines italienischen Gnadenbildes in Genazzo, dessen Verehrung der Augustiner-Orden verbreitete.

8 Apostelbilder, 1765-67, wohl von Johann Martin Metz. Als die Lettnerwand 1981 abgebaut wurde (vgl. Nr. 18), kamen darunter an den westlichen Langhauspfeilern kostbare Reste der Ausmalung von 1765–67 zutage. Sie geben einen kleinen Einblick in die Farbenpracht und die Qualität barocker Ausstattungen in den Romanischen Kirchen in Köln. Von den wohl an allen zwölf Langhauspfeilern gemalten Apostelbildern sind so noch vier mit ihren dekorativen Rahmungen erhalten: **8a Philippus** mit Stab, **8b Apostel**, nicht identifiziert, **8c Matthias** mit Lanze, **8d Judas Thaddäus** mit Keule. **9 Holzdecke, 1956, von Willy Weyres** (vgl. Abb. S. 123). Beim Wiederaufbau wurde bewusst das Gewölbe von 1240 nicht mehr wiederhergestellt, sondern durch die modifizierte Flachdecke ersetzt. Erhalten aber blieben an den Langhauswänden die Dienste und Konsolen, die als Auflager die Gewölbe trugen. **10 Bildertür, vor 1065**. Von der Ausstattung des 11. Jh. ist die hölzerne Tür erhalten geblieben, die den öffentlichen Haupteingang im Scheitel der Nordkonche bildete (vgl. Nr. 22a) und dort, geschützt durch die Vorhalle, bis in die 1930er-Jahre blieb. Die beiden fast fünf Meter hohen Türflügel zeigen in 26 überwiegend gut erhaltenen Relieffeldern das Leben Jesu von der Verkündigung bis zur Ausgießung des Heiligen Geistes. Die überaus kraftvolle Bildsprache mit den ausdrucksvollen Mienen und Gesten stellt einen Höhepunkt der Skulptur ihrer Zeit dar. Die Reste der starkfarbigen Fassung lassen darüber hinaus ahnen, welche Farbpracht ursprünglich die Architektur in ihrer Gesamterscheinung beherrschte.

11 **Walknochen**, in Köln im Volksmund »Zint Mergens Repp« genannt, sind verschiedentlich in Kirchen zu finden. Jenseits der Kuriosität, die sie darstellen, gibt es den Bezug zu Jonas, der lebend aus dem Bauch des Wales kam. Der Beichtstuhl entstand um 1880. 12a und 12b **Hellerfenster, um 1510/20**. Auf zwei Fenster verteilt sind die Mittelbahn dieses einst dreiteiligen Farbfensters mit der Darstellung eines heiligen Bischofs (Nr. 12a) und die linke Seitenbahn mit dem hl. Jacobus Maior (Nr. 12b) und dem Stifter Johannes Heller. 13 **Grabplatte der Äbtissin Ida, um 1870**. Die nach Entwurf von Heinrich Nagelschmidt ausgeführte Grabtumba war um 1870 für die Krypta geschaffen worden, wo sie das Pendant zur damals ebendort aufgestellten Tumba mit der romanischen Grabplatte der Plektrudis (vgl. Nr. 14) war. 2002 ins südliche Seitenschiff übertragen, sind nun die beiden Gründerinnen wieder als Pendants im Kircheninneren gegenwärtig. Die hölzerne Kartusche mit Grabinschrift ist von 1766 und stammt von einer Neugestaltung des 1666 in die Vierung versetzten Grabmals der Äbtissin Ida, dessen Standort in den Jahrhunderten davor noch der Aufklärung bedarf (vgl. auch Nr. 6). 14 **Romanische Grabplatte der Plektrudis, um 1170**. Die einst farbig gefasste Steinskulptur deckte die Tumba, die um 1170 über ihrem Grab am Ostende des Mittelschiffes (vgl. Nr. 33) errichtet wurde und dort bis 1666 stand, dann mehrfach versetzt und 2002 ins nördliche Seitenschiff gestellt wurde (vgl. Nr. 13). Die romanische Steinskulptur zeigt die Gründerin als Heilige mit muschelförmigem Heiligenschein und der hoffnungsvollen Inschrift »S. Plectrudis Regina«. Sie wurde zwar nie offiziell heiliggesprochen, gleichwohl aber im Konvent so verehrt (vgl. auch Nr. 6). Die hölzerne Kartusche mit Grabinschrift ist von 1761 und stammt von einer Neugestaltung des 1666 in die Vierung versetzten Plektrudisgrabmals.

15 **Madonna, um 1200**. Die auf einem Pfostenthron sitzende Muttergottes mit gekröntem Kind (Nikopoia) und einem Löwen zu ihren Füßen stand ursprünglich in der Außennische der Ostkonche des Chores. Die auf Fernsicht angelegte Steinskulptur mit Glasaugen hat in der nun zu sehenden Aufstellung eine völlig andere Wirkung. Sie steht vor der Sakristei der Notkirche der ersten Nachkriegszeit im nördlichen Seitenschiff, wozu auch das Nordportal gehört (vgl. Abb. S. 121). 16 **Farbfenster 15./16. Jh.** 16a **Berchem-Fenster, nach 1481**. Unter der Kreuzigungsgruppe kniet der Kanoniker Heinrich Berchem (vgl. Nr. 2). 16b **Hubertusfenster, um 1500**. Zuseiten des Kalvarienbergs stehen die hll. Hubertus und Hieronymus. Die unten knienden kleinen Stifter sind bisher nicht identifiziert. 16c **Ursulafenster, nach 1500**. Die im Schutzmanteltypus dargestellte Heilige wird seitlich begleitet von den hll. Jacobus d. Ä. und Gereon. Die Stifter konnten bisher nicht identifiziert werden. Der Künstler könnte der Werkstatt von Hermann Pentelynck angehören. 16d **Heisterfenster, um 1467**. Unter der Gottesmutter mit Kind kniet der Stifter Kanonikus Heinrich Heister. 17 **Limburger Madonna, um 1300**. Die aus dem Kloster Limburg an der Haardt stammende Holzskulptur wurde 1879 im Kunsthandel erworben.

15

15

16a

16c

16d

17

18 **Lettner, 1517–23** (vgl. Abb. S. 123). Er wurde von den Familien Hackenay und Hardenrath gestiftet, deren unübersehbare Wappenschilder die Geldgeber benennen. Der aus weißem und schwarzem Marmor in Mecheln hergestellte und 1525 aufgestellte Hallenlettner zeigt in den Nischen und Relieffeldern der Brüstung Standfiguren von insgesamt 22 Propheten und Heiligen sowie biblische Szenen. An der Langhausseite: Verkündigung, Geburt Christi, Anbetung der Könige, Darbringung Jesu im Tempel; an der Chorseite: Abraham und Melchisedek, Mannalese, Abendmahl, Speisung des Elias. Während der barocken Neuausstattung der Kirche 1765–67 wurde der Lettner abgebaut. Seine westliche Seite stellte man als Schauseite für die neue Orgelempore ans Westende der Kirche, während die Ostseite des Lettners gelagert wurde, um sie zu verkaufen. Als dies aber nicht zustande kam, stellte man diese Ostseite zwischen 1802 und 1828 jeweils zur Hälfte an den westlichen Mittelschiffseiten auf. 1985 erfolgte, nach aufwendiger Restaurierung, seine Rückversetzung, wobei die schon seit dem 16. Jh. bestehende Vermessungsproblematik (Unterschiede in Mechelner und Kölner Fuß) noch durch eine zu stark erhöhte Aufstellung potenziert wurde. Der Altar sowie das seitliche Sakramentshaus sind von Elmar Hillebrand. Die Orgel, 1990/91, (Fa. Klais) nach Entwurf von Maria Schwarz. 19 **Krypta** mit Ornamentfenstern, 1979, von Wilhelm Buschulte (vgl. Titelbild).

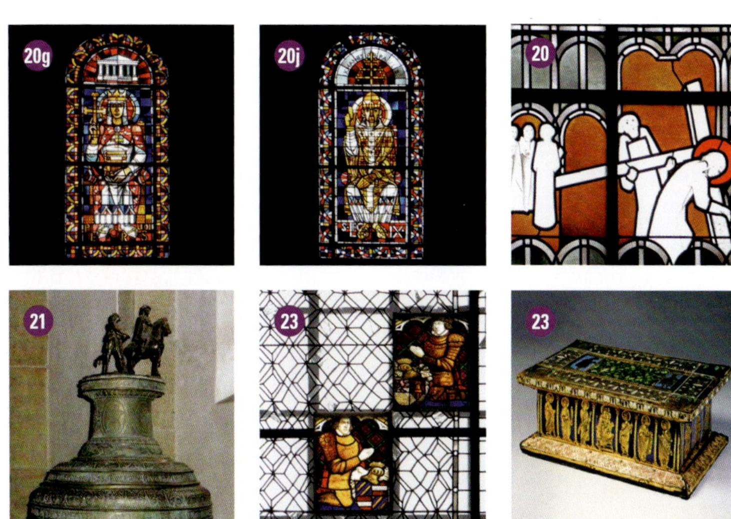

20 Farbfenster, 1938/39, nach Entwurf von Anton Wendling. Bei der Ausführung 1977–84 in der Proportion verändert. **20a Äbtissin Ida**. **20b Erzbischof Bruno**. **20c Hl. Hermann Joseph**. **20d Äbtissin Adelheid**. **20e Erzbischof Anno**. **20f Maria mit Kind**. **20g Plektrudis**. **20h Hl. Martin**. **20i Hl. Petrus Canisius**. **20j Papst Leo IX.** **20k Hl. Vitalis**. Im Umgang darunter Ornamentfenster nach Entwurf von Anton Wendling mit »Kabinettscheiben« von Paul Weigmann, 1984/85, die auf Wunsch von Pfarrer Angenendt die drei Rosenkränze darstellen. **21 Taufbecken, 1594, von Heinrich Wickrath**. Das von einer Figurengruppe des hl. Martin mit Bettler bekrönte Bronzebecken stammt aus Klein St. Martin und wurde nach Kriegsbeschädigung weitgehend erneuert. Der schmiedeeiserne Drehkran für den Deckel ist verloren. **22a Bildertür, um 1984/85**, mit der Darstellung von Tieren. **22b Bildertür, um 1984/85**, mit der Darstellung von Pflanzen. **23 Hirtzkapelle, 1493**. Die einst reiche Ausstattung der Privatkapelle des Bürgermeisters Hirtz ist leider verloren. Im linken Fenster eingesetzt die erhaltenen Stifterscheiben aus den 1516–19 gefertigten Farbfenstern, die Kaiser Maximilian I. für den Obergaden der Ostkonche stiftete. Ölgemälde auf Holz »Beweinung Christi«, eine Kopie des späten 16. Jh. nach Hugo van der Goes. Tragaltar, um 1170. Auf dem Deckel Abraham und Melchisedek, an den Längsseiten Christus und Maria zwischen den Aposteln, an den Schmalseiten Propheten.

24 Gabelkreuz, Anfang 14. Jh. Es ist das früheste Kölner Beispiel eines Crucifixus dolorosus, der in drastischer Form das Leiden Christi zeigt, und hing ehemals an der Vorderseite des Lettners über dem Kreuzaltar. Die Restaurierung um 2000 legte vor allem die spätgotische Fassung des 15. Jh. frei, die ganz besonders plastisch ausgearbeitete Geißelmale mit dicken Blutstrauben aufweist. Die ursprüngliche Fassung vom Anfang des 14. Jh. ist in einem Restaurierungsfenster am Bauch sichtbar und zeigt viele kleine, aber nicht dick aufgetragene Blutstropfen. In der Fastenzeit wird es von dem schönen Fastentuch von Martha Kreutzer-Temming verborgen. Rest des Mosaikfußbodens von 1875–78 erhalten (vgl. Nr. 3) sowie zwei Mosaikbilder vom Hochaltar von 1878/82. **25 Madonna, um 1180/90**. Die das Jesuskind liebkosende Madonna (Eleousa) entstand als Teil eines Reliefs und wurde erst im 19. Jh. zur vollplastischen Figur umgearbeitet. Mit ihr verbindet sich die Legende des hl. Hermann Joseph, der dieser Madonna einen Apfel reichte – was viele Menschen ausprobieren. **26 Maßwerkschranken und Stifter, 1464 und um 1450**. Johannes Hardenrath und seine Frau Sibilla Schlößgin stifteten 1464 die 1981/82 erneuerten Chorschranken mit den um 1450 in der Werkstatt von Konrad Kuyn entstandenen Stifterfiguren mit ihren Patronen. **26a Hl. Christophorus und Johannes Hardenrath**. **26b Madonna und Sibilla Schlößgin**. Teile des Chorgestühls, um 1500, sind im Binnenchor erhalten.

24

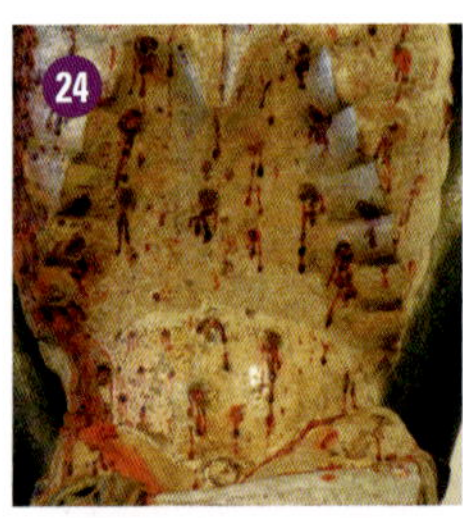
24

24

25

26a

26b

27 **Fußboden, 1980–84, nach Entwurf von Elmar Hillebrand**, verlegt von Josef Kaps (vgl. Abb. S. 123). Bildfelder u. a. von Andreas Dilthey. Bronzeplatten mit Grundrissen der Geburtskirche in Bethlehem (Süden) und S. Maria Maggiore in Rom (Norden). 28 **Fenster, um 1500, und Pietà, 1870/75, von Nikolaus Elscheidt**. Der Stifter zu Füßen der Madonna im Farbfenster konnte bisher nicht identifiziert werden. 29 **Hardenrathkapelle, 1466 geweiht**. In der einst reich ausgestatteten Privatkapelle des Bürgermeisters Johannes Hardenrath und seiner Frau Sibilla Schlößgin sind noch das Kreuzigungsfenster erhalten sowie die Steinskulpturen der Madonna und des Christus Salvator, die um 1465 im Umkreis des Nikolaus Gerhaert von Leyden entstanden. Zugehörig sind die Sängerempore vor der Kapelle und das Singemeisterhäuschen am Marienplatz (1979/80 rekonstruiert). Das Ensemble war eine Stiftung des 15. Jh. zur Musikpflege in Köln. Das schmiedeeiserne Gitter entstand um 1600. Um 1910 wurde der Altarschrein des 15. Jh. mit Maria und den Zwölf Aposteln als neuer Altaraufsatz gestiftet, farbig neu gefasst und mit gemalten Seitenflügeln versehen, die je zwei weibliche und männliche Heilige enthalten. 30 **Madonna, um 1777, wohl von Johann Joseph Imhoff d. Ä.** 31 **Christus als Auferstandener, 1677, von Konrad Tappe**. Die Holzskulptur, die den barocken Hochaltar in der Ostkonche bekrönte, ist davon der einzige erhaltene Rest. 32 **Sakramentshaus, 1. Hälfte 14. Jh.** 33 **Sarkophag der Plektrudis, Anfang 8. Jh.** Der trapezförmige Kalksteinsarkophag, nach dem Zweiten Weltkrieg in der Achse der Kirche ausgegraben, wird als Grabort der 717 gestorbenen Gründerin des Konvents angesehen (vgl. Nr. 14 und 6).

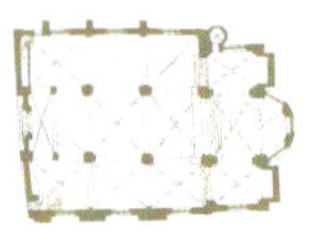

ST. MARIA LYSKIRCHEN

AN LYSKIRCHEN 8

OBEN: DETAIL PORTAL MIT HOCHWASSERMARKE, 1784
RECHTS: AUSSENANSICHT VON NORDOSTEN

HL. MATERNUS MIT DREI MITREN, 17. JH. (NR. 10)

Baugeschichte

Die dreischiffige romanische **Emporenbasilika** mit großflächig erhaltener Ausmalung ist als **Pfarrkirche** die kleinste der Kölner Romanischen Kirchen. Sie liegt südlich unterhalb der auf einem hochwasserfreien Plateau errichteten römischen Stadt direkt am Rhein und ist seit Jahrhunderten vom periodisch wiederkehrenden Hochwasser betroffen, wie die Hochwassermarken beim Portal zeigen. Das auf Seite 134 abgebildete Detail zeigt die über dem Türsturz angebrachte Markierung des Jahrtausendhochwassers vom 28. Februar 1784. Mit der Stadterweiterung von 1106 verlängerte man die rheinseitige Stadtmauer, die im Sockel des östlich gelegenen Küsterhauses noch heute zu sehen ist.

Der Legende nach hat der erste namentlich bekannte Kölner Bischof, **Maternus**, hier eine Kirche gegründet. Maternus lebte zu Beginn des 4. Jh. (konkret erwähnt 313 und 314), aber die Legende verbindet ihn mit dem Apostel Petrus (gest. 64), dessen Stab Maternus vom Tode errettet habe. Da Maternus gleichzeitig Bischof von Tongern und Trier war, wird er traditionell mit drei Mitren für die drei Bischofssitze dargestellt.

Die erste urkundliche Erwähnung als »Kirche der hl. Gottesmutter« gibt es erst aus dem Jahre 948. Man nimmt an, dass sie eine **Eigenkirche** oder Hofkapelle eines Herrn Lisolvus oder Lysolfus war, dessen Haus nördlich davon auf dem Grundstück des heutigen Pfarrhauses vermutet wird. Allerdings tauchte dieser Name erst gegen Mitte des 12. Jh. auf. Aus »Lisolfikyrken« wurde schließlich »Lyskirchen«.

Bereits 1067 kam das Gotteshaus, eine Saalkirche, als Pfarrkirche zum Stift St. Georg und wurde möglicherweise am Ende des 11. Jh. neu errichtet (dreischiffig mit Krypta). Die heute noch vorhandene Pfarrkirche ist ein **Neubau vom Beginn des 13. Jh.**, dessen Datierung sich aus dendrochronologischen Befunden und stilistischen Vergleichen der Baudetails ergibt. Die dreischiffige gewölbte Emporenbasilika sollte sich mit einem doppeltürmigen Chorhaupt, vergleichbar St. Kunibert oder St. Severin, in der Rheinfront behaupten. Allerdings ist der südliche Chorturm seit dem Spätmittelalter nicht mehr erhalten oder er wurde tatsächlich ursprünglich nicht ausgebaut. Durch die wesentlich höhere **Erneuerung der Chorapsis 1658–62** mit sehr großen Fenstern in gotischen Formen wurde außerdem das ursprüngliche Erscheinungsbild der romanischen Chorfassade verändert. Das Portal ist mit seinen Kapitellen und den reich gearbeiteten Friesen mit zahlreichen figürlichen Darstellungen das aufwendigste Beispiel romanischer Portalskulptur in Köln. Es war einst insgesamt farbig gefasst, wie das gesamte Äußere der Kirche. Der bei der Restaurierung des 19. Jh. nach 1868 durch Vincenz Statz im Äußeren steinsichtig veränderte Bau erhielt eine Neugestaltung vor allem der oberen Teile der Westfassade, die aus diesem Grund bei der Neuverputzung und Farbgebung nach dem Zweiten Weltkrieg ihre Steinsichtigkeit behielt. Ansonsten wurde bei dieser sehr kleinen Kirche der einst bei allen romanischen Kirchen vorhandene Außenputz mit entsprechender Farbgebung wieder angebracht: 1960 erstmals, dann in den 1980er-Jahre neuerlich, diesmal »nach Befund«.

Das **Innere** war bei der Umgestaltung im 17. Jh. tiefgreifend verändert worden. Es wurden nicht nur die Fenster in denselben gotischen Formen vergrößert wie die neugebauten der Chorapsis,

SCHEMA DER DECKENMALEREI IM WESTJOCH

sondern vor allem die romanischen Emporenbrüstungen durch barocke Baluster ersetzt. Nur im westlichen Joch sind die ursprünglichen Drillingsbögen der Emporen noch erhalten. Zusätzlich erhielt die Kirche damals einen weißen Anstrich.

Darunter blieb der umfangreichste Bestand romanischer **Decken- und Wandmalerei** in Köln erhalten, der 1879–81 freigelegt und entsprechend der damaligen Erhaltungspraxis ergänzend übermalt wurde (durch Matthias Göbbels). Mit der im 20. Jh. üblichen Ablehnung der Kunst des Historismus wurden auch in dieser Kirche (bereits 1934, durch Anton Bardenhewer) die Ergänzungen dieser Epoche von den mittelalterlichen Malereien entfernt – und dann doch durch neue ersetzt, um die Geschlossenheit des Raumeindrucks und die Lesbarkeit zu wahren. Das Original der Bildkomposition und Zeichnung wurde so zweifellos besser wahrnehmbar, die Starkfarbigkeit des Mittelalters aber traf das 19. Jh. mit seinem Konzept sicher wesentlich besser, wie heute hier noch in der nicht purifizierten nördlichen Turmkapelle mit Darstellungen der Katharinenlegende und auch in der südlichen mit Darstellungen der Nikolauslegende zu erkennen ist.

Im Tympanon über dem Eingang ist die Madonna mit Kind und der Anbetung der Hll. Drei Könige um 1230 entstanden, während die Deckengemälde der Mitte des 13. Jh. zugeschrieben werden. Das Programm zeigt, getrennt durch ein Ornamentband, in der Südhälfte Szenen des Neuen Testaments (NT), denen man in der Nordhälfte passende Begebenheiten des Alten Testaments (AT) gegenüberstellte, womit man das jüdische AT auf seine Funktion als Voraussage des NT reduzierte, was die Juden natürlich ablehnen. Schriftbänder erläutern die einzelnen Darstellungen, die in den Zwickeln durch Heilige im Süden und Propheten im Norden begleitet werden. Figürliche Malereien an den Wänden sind verbürgt und vervollständigten wohl auch im Chor das Programm. Die Komposition der radial angeordneten Szenen ergibt in den drei kreuzrippengewölbten Jochen die Illusion von Kuppeln – folgt also nicht streng dem vorgegebenen Architekturgerüst. 1270/80 erfolgte schließlich die Ausmalung der Chorkapellen. Der Stil der Malerei mit den scharfbrüchigen und eckigen Falten wird als Zackenstil bezeichnet.

INNENANSICHT NACH OSTEN

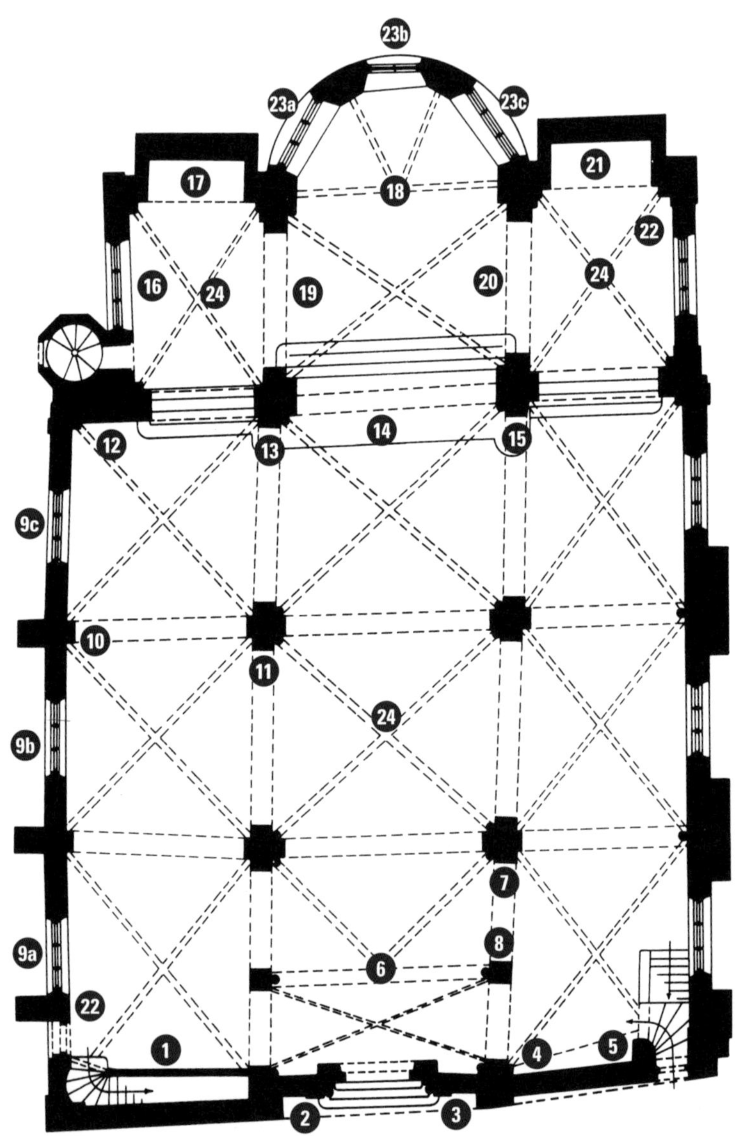
23b
23a
23c
17
18
21
22
16
24
19
20
24
12
14
15
13
9c
10
11
24
9b
7
8
6
9a
22
1
4
5
2
3

1 Schiffermadonna, um 1430
2 Farbfenster, 1980
3 Farbfenster, 1980
4 Taufbecken, 13. Jh.
5 Heiligenfiguren, 1860
6 Orgelempore, um 1750
7 Kruzifix, 1920er-Jahre
8 Rfiede, 2007
9 Farbfenster, 1520/30 u. 1957
9a Verkündigung u. a.
9b Kreuzigung
9c Heilige
10 Hl. Maternus, 17. Jh.
11 Hl. Judas Thaddäus, 1920er-Jahre
12 Beweinung Christi, 1822
13 Madonna, um 1330/40
14 Adlerpult, 18. Jh.
15 Kanzel, um 1870
16 Wandvitrine
17 Kreuzigung, 17. Jh.
18 Altar u. Tabernakel, 1956
19 Verkündigung, 17. Jh.
20 Grablegung, um 1630
21 Heilige Familie, um 1666
22 Chorgestühl, um 1520
23 Farbfenster, 1987
23a Kölner Bischofsheilige
23b Himmelfahrt Mariae
23c Hl. Nikolaus
24 Wand- u. Gewölbemalereien, 13. Jh.

(1) **Schiffermadonna, um 1430**. Holzskulptur, farbig gefasst, ist die prachtvollste der »Schönen Madonnen« des Weichen Stils in Köln (vgl. u. a. St. Gereon). Sie kam aus Walberberg und wurde um 1817–27 außen am Chor in einer Nische aufgestellt, wo sie die Rheinschiffer sehen und verehren konnten, daher der Name Schiffermadonna. 1868 ins Innere in die Nische versetzt, die Peter Hecker 1930 ausmalte. (2) **Farbfenster, 1980**, von Marga Wagner: Arche Noah. (3) **Farbfenster, 1980**, von Marga Wagner: die Hand Gottes über dem Schiff. (4) **Taufbecken, 2. Hälfte 13. Jh.** Achteckig, schwarzer Marmor, derbe Köpfe an den Ecken. Die weißen »Säulchen« wohl 1896 zugefügt. Kupfervergoldeter, ornamentierter Deckel des 17. Jh. (5) **Heiligenfiguren, 1860**. Steinskulpturen vom ehemaligen Hochaltar: Petrus, Maternus, Nikolaus, Paulus. (6) **Orgelempore, um 1750**. Die musizierenden Engel um 1880 wohl von Matthias Goebbels. (7) **Kruzifix, 1920er-Jahre**. (8) **Rfiede, 2007**, von Jörg Frank, Farbe auf Pappe. Im Dialog mit dem Kruzifix gegenüber. (9) **Farbfenster, 1520/30 und 1957**, von Franz Pauli. (9a) **Verkündigung an Maria und Maria mit Kind**. (9b) **Kreuzigung mit Maria und Johannes**. (9c) **Hll. Maternus, Helena und Gereon**. (10) **Hl. Maternus, 17. Jh.** Holzskulptur. Umkreis Jeremias Geisselbrunn (vgl. Abb. S. 136). (11) **Hl. Judas Thaddäus, 1920er-Jahre**. Holzskulptur. (12) **Beweinung Christi, 1822**, von Kaspar Benedikt Beckenkamp. Kopie des 1524 für diesen Altar gestifteten Originals, Joos van Cleve zugeschrieben, das 1812 verkauft wurde und heute im Frankfurter Städel ist. Links: hl. Veronika mit Schweißtuch, rechts: Josef von Arimathäa mit Dornenkrone. Außen: Verkündigung. Altar und Holzrahmen 1896.

13 **Madonna mit Kind, um 1330/40**. Holzskulptur, 1885 von Catharina Pütz geschenkt und hier (mit nicht mehr erhaltenem Altar) aufgestellt (vgl. Nr. 18). **14** **Adlerpult, 18. Jh.**, Bronze. **15** **Kanzel, um 1870**. Die Reliefs zeigen: Jesus im Dialog mit dem Schriftgelehrten Nikodemus; Jesus und die Samariterin; Jesus heilt einen Blinden; Jesus bei den Schwestern Martha und Maria. **16** **Wandvitrine**: Strahlenmonstranz, um 1763, Gefäß für hl. Öle, um 1500, Kelche, 17. Jh. **17** **Kreuzigung Christi, 17. Jh.**, Öl auf Holz. Links die reich gekleidete Stifterin. Der nach oben blickende Christus nach dem Vorbild des Bildes von Geldorp Gortzius von 1602 im Senatssaal des Rathauses. Der Altar von 1865, der Holzrahmen von 1897, die kleine Pietà um 1480. **18** **Altar und Tabernakel, 1956**, von Elmar Hillebrand, gehören zu einer damals neuen Chorausstattung, in die auch die Madonna mit Kind (vgl. Nr. 13) einbezogen war. **19** **Mariae Verkündigung, Mitte 17. Jh.**, Öl auf Leinwand. Kopie des Gnadenbildes in SS. Anunziata in Florenz. Sie stammt aus dem nach 1802 aufgehobenen Kloster St. Lucia am Filzengraben (vgl. Nr. 22). **20** **Grablegung, um 1630**, Öl auf Leinwand. Vom ehemaligen Hochaltar. Kopie nach Federico Barocci in S. Croce in Senigallia. **21** **Heilige Familie, um 1666**, von Hendrik Herregouts. Maria mit Kind und Anna, dahinter Josef (links) und Joachim. Altar, Holzrahmen und die beiden seitlichen Figuren 1897. **22** **Chorgestühl, um 1520**, aus St. Lucia (vgl. Nr. 19). **23** **Farbfenster, 1987, von Hans Lünenborg**. **23a** **Kölner Bischofsheilige**: Maternus, Severin, Evergislus, Heribert, Engelbert, Agilolf, Bruno, Kunibert, Anno. **23b** **Himmelfahrt Mariae**. **23c** **Hl. Nikolaus** mit Brotkorb und Schiff.

24 Wand- und Gewölbemalereien, 13. Jh.

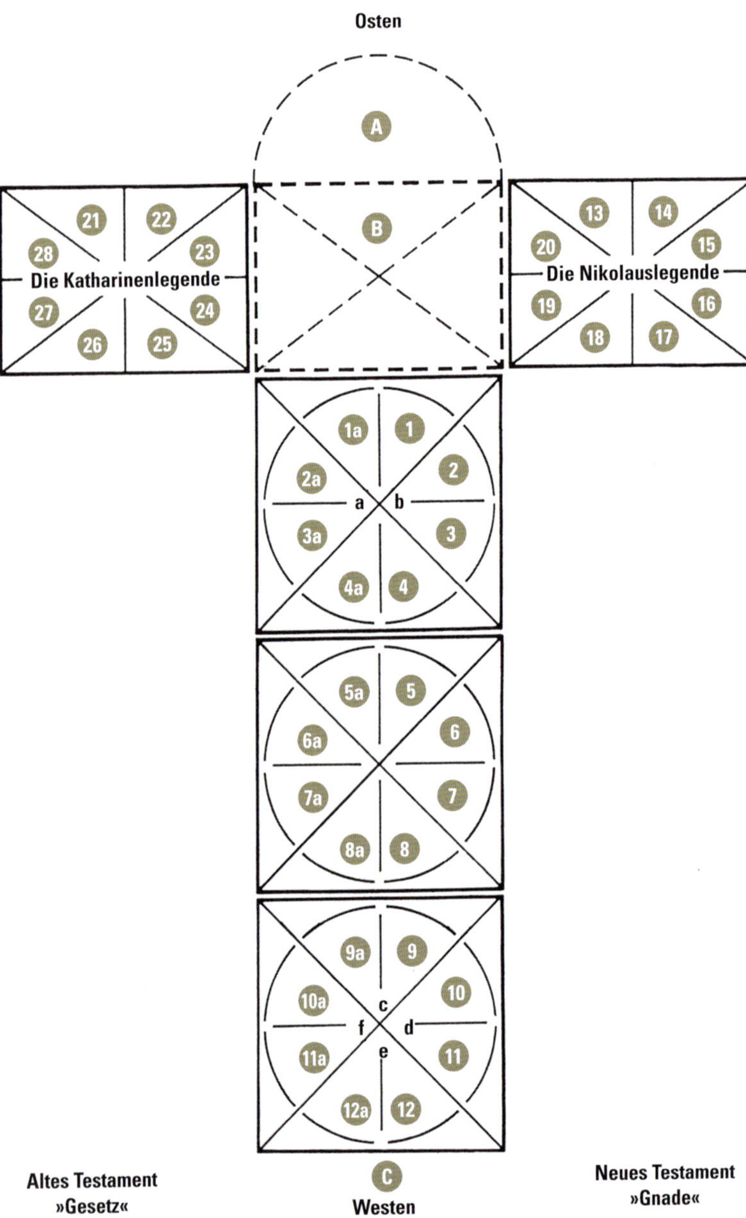

PLAN DER WAND- UND GEWÖLBEMALEREIEN, 13. JH.,
NACH UWE WESTFEHLUNG, 1984

Chor

A Möglicherweise im Gewölbe der Apsis: Thronender Christus
B Möglicherweise im Chorgewölbe: Kreuzigung Christi

Westeingang

C Im Bogenfeld: Anbetung der Hll. Drei Könige, um 1230

Mittelschiff: Altes und Neues Testament, Mitte 13. Jh.

1a Verheißung Isaaks
2a Geburt Isaaks
3a Opferung Samuels
4a Bad des Naemann

a Lex (Gesetz)

5a Moses mit den Gesetzestafeln
6a Salomons Einzug
7a Gastmahl des Ahasver
8a Hiob im Unglück

9a Die Eherne Schlange
10a Samson trägt die Tore von Gaza
11a Elias fährt zum Himmel
12a Elias und die Baalspriester

c Prudentia (Klugheit)
e Temperantia (Mäßigung)

1 Verkündigung an Maria
2 Geburt Jesu
3 Darstellung Jesu im Tempel
4 Taufe Jesu

b Gratia (Gnade)

5 Verklärung Jesu
6 Jesu Einzug in Jerusalem
7 Letztes Abendmahl
8 Jesus an der Geißelsäule

9 Kreuzabnahme Christi
10 Christus öffnet die Pforten der Hölle
11 Himmelfahrt Christi
12 Pfingstfest

d Fortitudo (Stärke)
f Justitia (Gerechtigkeit)

Südliche Turmkapelle: Nikolauslegende, um 1270

13 Nikolaus als Kind, 14 Bischofsweihe von Nikolaus, 15 Rettung der Schiffbrüchigen, 16 Tod von Nikolaus, 17 Diebstahl bei einem Juden, 18 Züchtigung des Nikolausbildes, 19 Nikolaus findet die Diebe, 20 »Stratelatenwunder«

Nördliche Turmkapelle: Katharinenlegende, um 1280 und 19. Jh.

21 Katharina vor dem Kaiser, 22 Disput mit den Philosophen, 23 Verbrennung der bekehrten Philosophen, 24 Kaiserin und Feldherr besuchen Katharina im Gefängnis, 25 Zerstörung des Rades, 26 Martyrium der Katharina, 27 Enthauptung der Katharina, 28 Bestattung der hl. Katharina

1a **Verheißung Isaaks**: Rechts der alte Abraham, der die drei Engel bewirtet, die ihm die Geburt des Isaaks durch Sara verkünden, die ganz links den Kopf aus dem Zelt steckt (1. Mos. 18, 1-10).

1 **Verkündigung an Maria**: Von links naht der Engel der auf einer Bank sitzenden Maria, vor der eine Vase mit Lilien steht.

2a **Geburt Isaaks**: Rechts liegt Sara, links steht Abraham, der Isaak trägt (1. Mos. 21,6).

2 **Geburt Jesu**: Das neugeborene Jesuskind wird in einer Art Taufbecken gebadet. Nicht hier abgebildet sind die rechts davon dargestellten Maria und Josef.

3a **Opferung Samuels**: Links der kleine Samuel mit seiner Mutter Hanna, während sein Vater das Opferlamm an Eli reicht.

3 **Darstellung Jesu im Tempel**: Links steht Maria mit dem Jesuskind, hinter ihr Josef mit Spitzhut, rechts Simeon.

4a **Bad des Naemann**: Links der aussätzige Naemann im Wasser des Jordans, er steht dann geheilt vor Elisa (4. Kön. 5, 8-19).

4 **Taufe Jesu**: Jesus mit dem »Wasserberg« des Jordans und der Taube über dem Kopf, links Johannes, rechts zwei Engel.

5a **Moses mit den Gesetzestafeln**: Moses mit glänzendem Antlitz und den Gesetzestafeln steht auf einer Erhebung, umgeben von Juden mit Spitzhüten (2. Mos.).

5 **Verklärung Jesu**: Jesus auf dem Berge Tabor, links Moses, rechts Elias, darunter Petrus, Jakobus und Johannes.

6a **Salomons Einzug**: Der gekrönte Salomon mit Zepter reitet auf einem hellbraunen Maultier.

6 **Jesu Einzug in Jerusalem**: Jesus reitet auf der braunen Eselin mit dem Palmzweig in der Hand.

7a **Gastmahl des Ahasver**: Rechts sitzen Ahasver und Esther, links Mardochaeus und Haman (Esther I,3 - VII).

7 **Letztes Abendmahl**: Jesus sitzt rechts, Judas links unten.

8a **Hiob im Unglück**: Links sitzt Hiob auf dem Mist, verspottet von seiner Frau und beklagt von seinen Freunden (Hiob 2, 9-12).

8 **Jesus an der Geißelsäule**: Jesus, an eine Säule gefesselt, wird von zwei Schergen gegeißelt.

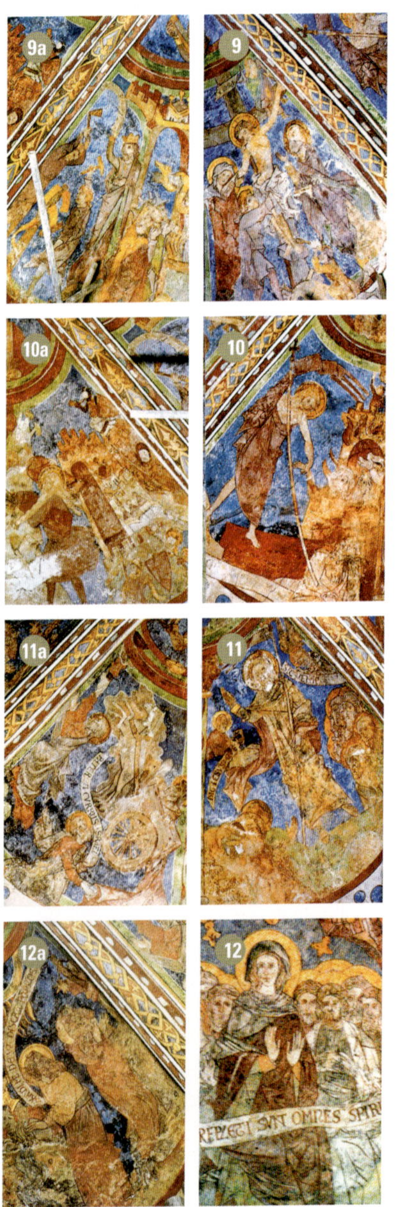

9a **Die Eherne Schlange**: Der in der Mitte stehende Ezechias lässt die Eherne Schlange zerstören (4. Kön. 18, 4).

9 **Kreuzabnahme Christi**: Josef von Arimathia nimmt Christus vom Kreuz, links Maria, rechts Johannes.

10a **Samson mit den Toren von Gaza**: Der wieder gelockte und daher starke Samson trägt die Tore der rechts dargestellten Stadt Gaza (Richter 16, 1-3).

10 **Christus öffnet die Pforten der Hölle**: Christus befreit u. a. Adam, während der Höllenfürst gefesselt liegt.

11a **Elias fährt zum Himmel**: Links wird Henoch durch Gottes Hand in den Himmel entrückt, während rechts Elias dorthin in einem von zwei Pferden gezogenen Wagen fährt (4. Kön. 2, 12).

11 **Himmelfahrt Christi**: Christus schwebt, beobachtet von Maria und den Aposteln, nach oben.

12a **Elias und die Baalspriester**: Rechts beten die Baalspriester vergeblich um Annahme des Opfers, während links das Opfer von Elias durch Flammen verzehrt und damit angenommen wird (3. Kön. 18, 20-40).

12 **Pfingstfest**: Ausgießung des hl. Geistes an Maria und die Apostel.

Nikolauslegende, südliche Turmkapelle, um 1270

13 **Nikolaus als Kind**: Schon beim Säugling erkennt man den künftigen Heiligen, da er an Festtagen nur einmal am Tag von der Mutterbrust trinkt, was den Vater sichtlich erstaunt. Als Neugeborener kann Nikolaus schon aufrecht in der Wanne stehen. 14 **Bischofsweihe von Nikolaus**. 15 **Rettung der Schiffbrüchigen** aus Seenot, was die die Kirche besuchenden Schiffer besonders betrifft. 16 **Tod von Nikolaus**. 17 **Diebstahl bei dem Juden** (links schlafend und mit typisch spitzem Hut), obwohl er ein Bild des hl. Nikolaus als Wache bei seinen Schätzen aufstellte. 18 **Züchtigung des Nikolausbildes** mit einer Rute durch den verärgerten Juden. 19 **Nikolaus findet die Diebe**, der Jude erhält alles zurück und lässt sich bekehren. 20 **»Stratelatenwunder«**. Nikolaus befreit drei unschuldig verurteilte Feldherren (stratelaten), die sehr drastisch in einem Holzblock gefangen dargestellt sind.

Katharinenlegende, nördliche Turmkapelle, um 1280/19. Jh.

21 **Katharina predigt vor dem Kaiser Maxentius**. 22 **Disput mit den heidnischen Philosophen**, die sie zum Christentum bekehrt. 23 **Verbrennung der Philosophen** auf Anordnung des Kaisers in einem feurigen Ofen. 24 **Kaiserin Faustina und Feldherr Porphyrius besuchen Katharina im Gefängnis**. Sie bekehrt beide zum Christentum. 25 **Zerstörung des Rades**, auf das Katharina geflochten werden soll, durch hämmerschwingende Engel. 26 **Martyrium der Katharina** durch schreckliche Folter in Anwesenheit des Kaisers, angeleitet durch den Teufel. 27 **Enthauptung der Katharina** (19. Jh. neu) 28 **Bestattung der hl. Katharina** auf dem Berge Sinai (19. Jh. neu).

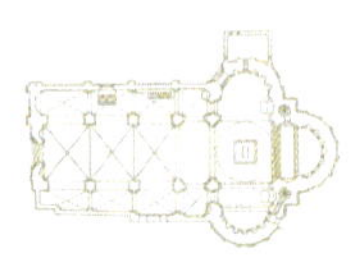

GROSS ST. MARTIN

MARTINSPFÖRTCHEN 8

OBEN: LÖWE VOM WESTPORTAL, UM 1220/30
RECHTS: AUSSENANSICHT VON SÜDOSTEN

PFEILER DER RÖMISCHEN LAGERHALLE IN DER AUSGRABUNGSZONE

Baugeschichte

Die ehemalige **Benediktinerklosterkirche** mit Dreikonchenchor und monumentalem Vierungsturm ist die erste der beiden Martinskirchen im alten Köln und hat ihren Standort auf der Insel, die zu Beginn der Römerzeit vor der Stadt lag, aber bereits seit dem 2. Jh. mit dem Festland verbunden wurde. Durch Zuschüttung des einst trennenden Rheinarmes ergab sich das Gelände, auf dem u. a. Domhof (heute Kurt-Hackenberg-Platz) und Alter Markt entstehen konnten.

Der **hl. Martin** gehört zu den populärsten Heiligen, um den sich viele Legenden ranken, die in den beliebten Bräuchen um den Martinstag am 11. November weiterleben. Dabei spielt vor allem die Legende vom Soldaten Martin, der hoch zu Ross einem armen frierenden Bettler die Hälfte seines Mantels gab, eine besondere Rolle. Und die Martinsgänse, die um diese Zeit gegessen werden, erinnern an die schnatternde Gans, die den Bescheidenen in seinem Versteck verraten musste, als er zum Bischof von Tours gewählt worden war. Eine andere Legende berichtet, dass der Tod des hl. Martin im Jahre 397 dem Kölner Bischof Severin durch Engelsgesang übermittelt wurde.

Die Kirche birgt in ihrem Langhaus aufgehendes Mauerwerk einer **römischen Lagerhalle**, vor allem aber in der Disposition von Mittel- und Seitenschiffen die Proportion dieses antiken Gewerbebaus. Dieser war Teil einer Anlage mit vier Lagerhallen aus der Mitte des 2. Jh., die anstelle einer Sportanlage (mit Schwimmbecken) des 1. Jh. gebaut worden war und deren Innenhof die moderne Wohnanlage tradiert. Zu einem nicht genau zu benennenden Zeitpunkt nach dem Ende der Römer-Herrschaft (455) wurde die südöstliche Lagerhalle umgenutzt. In der zugänglichen **Ausgrabungszone** unter der Kirche sind ein Teil des Schwimmbeckens sowie Pfeilerstümpfe der Lagerhalle (vgl. Abb. S. 152) zu sehen, die Spuren nachträglicher Verschönerungen zeigen, die u. a. der Umnutzung zur Kirche zugeschrieben werden. Einerseits wird das Martins-Patrozinium gerne als Beleg für eine fränkische Gründung gesehen, da der hl. Martin der wichtigste Heilige der Franken war, auf der anderen Seite gibt es aber erst unter **Erzbischof Bruno (953–65)** schriftliche Nachrichten. Dieser gründete hier ein Herrenstift, das noch vor dem Ende des 10. Jh. in eine Benediktinerabtei umgewandelt wurde. Der Bauphase des 11. Jh. unter **Erzbischof Anno II. (1056–75)**, in dessen Lebensbeschreibung die Errichtung zweier Chortürme genannt ist, weil ihn der hl. Eliphius im Traum dazu gedrängt hatte, wird zusätzlich die westliche Verlängerung der Kirche bis in den Bereich der südwestlichen römischen Lagerhalle zugeschrieben. Um 1100 entstand eine östliche Krypta oder eine Confessio, deren Westwand mit gewölbter und farbig gefasster Nische in der Ausgrabungszone zu sehen ist. Außerdem wird für diese Zeit der Bau einer westlichen Dreiturmgruppe angenommen. Das Fußbodenniveau der Kirche lag zu dieser Zeit etwa drei Meter über dem der Lagerhallen, wie an den Spuren neben dem Zugang zum Ausgrabungsbereich zu sehen ist.

Der Stadtbrand von 1150 war der Anlass für einen kompletten **Neubau (1150–1250)**, wofür das Fußbodenniveau noch einmal um einen Meter erhöht wurde. Das dreischiffige Langhaus dieses Monumentalbaus fußt aber weiterhin auf den antiken Lagerhallen, die auch die Breite der drei Schiffe bestimmen. Die etwa ein Jahrhundert währende Bauzeit brachte selbstredend Planwechsel und Veränderungen mit sich. Die überlieferten Daten beschränken sich auf eine Weihe 1172 und die Nachricht von einem neuerlichen Brand 1185. Begonnen wurde nach dem Brand von 1150 mit dem neuen Chorhaupt, das sich am Dreikonchenbau von St. Maria im Kapitol orientierte. Die obere Etage des Chores ist in Groß St. Martin wohl erst nach dem Brand von 1185 neu entstanden, was die weiterentwickelten Detailformen nahelegen.

Nach diesem Brand von 1185 wird auch die Planänderung des Vierungsturmes angesetzt, der, ursprünglich achteckig vorgesehen, nun als massiver Quadratblock mit vier schlank wirkenden oktogonalen Ecktürmen bis 1230 heranwuchs. Seine beherrschende Stellung im Rheinpanorama der Stadt wurde durch die 1450/60 hochgezogenen Turmspitzen zusätzlich betont. Der wuchtige Vierungsturm erforderte besondere Stützmaßnahmen durch die verstärkten Vierungspfeiler und die Tonnengewölbe der anschließenden Joche. Das dreischiffige Langhaus wurde im ersten Viertel des 13. Jh. gewölbt, wofür die Obergadenwände mit Triforium und Muldennischen verstärkt wurden. Der Zugang für Laien erfolgte durch das reichgegliederte Löwenportal (vgl. Abb. S. 150) im Westen, während Konventbauten und Kreuzgang im Norden waren. Nach der **Säkularisation von 1802** bekam die Pfarre St. Brigida den Bau als Pfarrkirche. Spuren der abgebrochenen Kirche St. Brigida sind noch im westlichen Teil des südlichen Seitenschiffes zu sehen sowie außen in der Markierung der Pflasterung. 1868–85 erhielt das Innere nach dem Programm (1864) von August Essenwein eine neue **Gesamtausstattung des Historismus**. Die Schäden des **Zweiten Weltkrieges** betrafen bei Groß St. Martin vor allem die Gewölbe und den Vierungsturm, der aber 1965 in seiner Grundform und mit den gotischen Spitzhelmen wiedererstanden war. Im Inneren war, wegen des langsamen Wiederaufbaus, den seit 1961 Joachim und Margot Schürmann leiteten, die historistische Ausstattung zu einem sehr großen Teil erhalten geblieben, und es bleibt abzuwarten, wie in Zukunft ihre Bestandssicherung erfolgen wird. Der nun wieder in Groß St. Martin angesiedelte Konvent der **Schwestern und Brüder von Jerusalem** sichert aber den geistlichen Kontext dieser romanischen Kirche.

INNENANSICHT NACH OSTEN

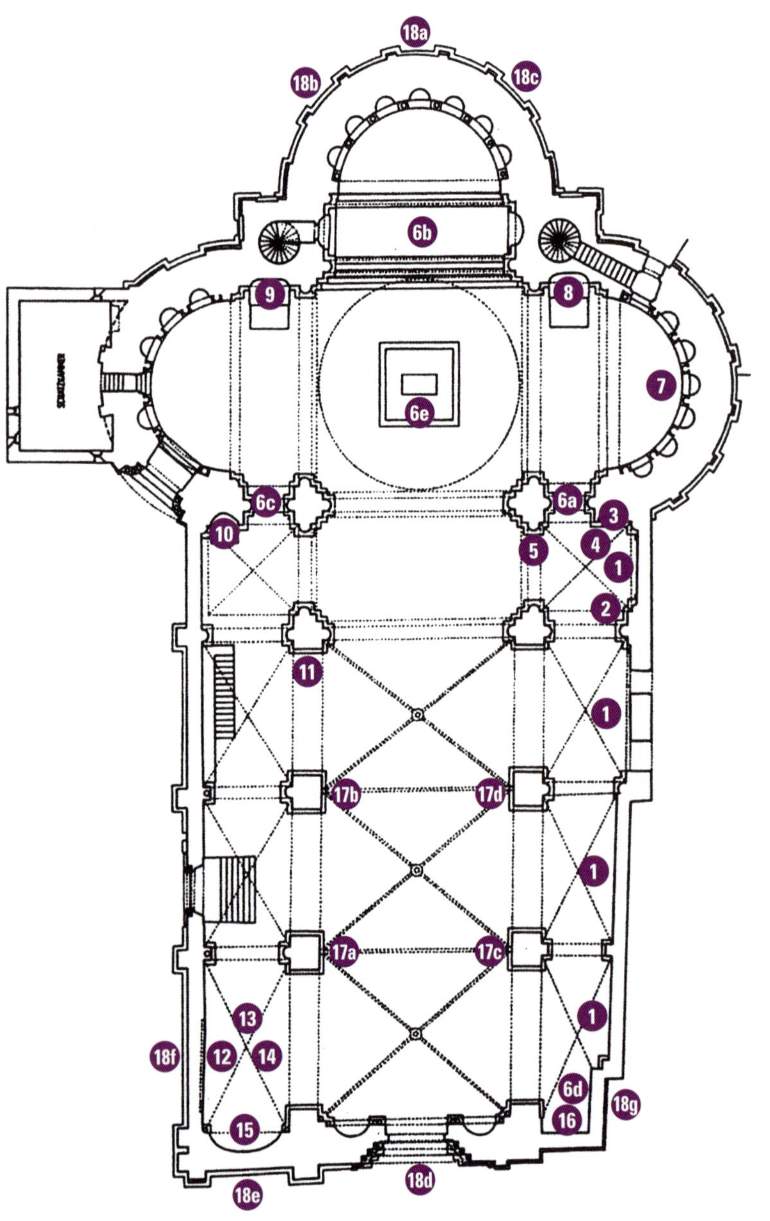
18a
18b
18c
6b
9
8
7
6e
6c
6a
3
10
4
5
1
2
11
1
17b
17d
1
17a
17c
13
1
12
14
18f
6d
18g
15
16
18d
18e

1 Kreuzweg, 19. Jh.
2 Inschrift von 1401
3 Schmerzensmann, A. 16. Jh.
4 Mosaikfußboden, um 1200
5 Kapitelle, um 1200
6 Mosaikfußboden, 1884/85
6a Löwe
6b Lebensbaum u. Hirsche
6c Löwe
6d Sieben fette Kühe
6e Acht Seligpreisungen
7 Zwei Engel, 1848/49
8 Hl. Eliphius, 12. Jh.
9 Sakramentsschrein, 1985
10 Marienikone, 17. Jh.
11 Anbetung der Könige, um 1530
12 Sandsteinbogen, Kreuzigung u. Grablegung, 1509
13 Grabplatte
14 Taufbecken, um 1200
15 Epitaph, 1562
16 Hl. Brigida, 17./18. Jh.
17 Ausmalung, 1875–79
17a Konstantin der Große
17b Stephanus von Ungarn
17c Karl der Große
17d Graf Balduin von Flandern
18 Farbfenster, 1984/90
18a Hl. Martin u. Bettler
18b Hl. Martin als Mönch
18c Hl. Martin als Bischof
18d »Maria als Königin …«
18e Auferstandener Christus
18f »Der Geist Gottes …«
18g Hl. Brigida

1 **Kreuzweg, 19. Jh., von Maler Barthel**. Der in spätnazarenischem Stil geschaffene Kreuzweg (vielleicht von Gustav Adolf B., 1819–98) wurde 1984 ganz bewusst für die Kirche, die noch umfangreiche Ausstattungsteile des 19. Jh. besitzt, angekauft und z. T. von den Mitgliedern der Baukommission finanziert. So stiftete Dr. Paul Arthur Memmesheimer vom Landesministerium die 2. Station: »Jesus wird mit dem Kreuze beladen«. 2 **Inschrift von 1401**, die in Latein die Weihe des hier gestifteten Altares zu Ehren der hll. Peter und Paul der Eheleute Konrad und Duda von Gluwel benennt, die hier ihr Erbbegräbis hatten. 3 **Schmerzensmann, Anfang 16. Jh., von Meister Tilman**. Die farbig gefasste Holzskulptur des Ecce Homo zeigt den gemarterten Christus mit gefesselten Händen, Wundmalen und Dornenkrone (vgl. St. Aposteln Nr. 4). 4 **Mosaikfußboden, um 1200**. Der kleine Rest des romanischen Stiftmosaikbodens wurde 1982 hier neu verlegt. Es zeigt einen Löwen, der sich in den dreigeteilten Schwanz beißt. 5 **Köpfe eines Mannes und einer Frau, um 1200**. Das Kapitell zeigt an zwei Ecken einen gekrönten, bärtigen Mann und eine Frau mit ausgebreiteten Zöpfen. Diese in Köln singuläre figürliche Bauzier hat natürlich die Fantasie insofern beflügelt, als man darin die legendären merowingischen Klosterstifter Pippin und Plektrudis hat erkennen wollen – was ebenso legendenhaft ist wie die merowingische Epoche an dieser Kirche. 6 **Mosaikfußboden, 1884/85, nach Entwurf von August Essenwein**. Teile dieses Fußbodens, der den Zweiten Weltkrieg insgesamt gut überstanden hatte, aber bedauerlicherweise nicht gesichert wurde, konnten erst spät geborgen und zum Teil 1982 neu verlegt werden. 6a **Löwe**. Das Mosaik lag ursprünglich in der Apsis.

6b Lebensbaum, dem sich Hirsche zuwenden: »Wie der Hirsch nach der Quelle dürstet, so sehnt sich meine Seele nach dem Herrn« (Psalm 41/2-4). Diese Mosaiken liegen fast an originaler Stelle. **6c Löwe**. Das Mosaik lag ursprünglich in der Apsis. **6d Sieben fette Kühe** (links oben fehlt eine) aus der Josefslegende. Das Mosaikfeld lag ursprünglich im Mittelschiff. **6e Acht Seligpreisungen**. Die an fast originaler Stelle in der Vierung, jetzt rund um den Altar, verlegten Felder mit den Personifikationen der acht Seligpreisungen aus der Bergpredigt (Matthäus 5, 3-10):
Beati pauperes spiritu (Mt. 5/3: Selig, die arm sind vor Gott). Beati qui lugent (Mt. 5/4: Selig die Trauernden). Beati mites (Mt. 5/5: Selig, die keine Gewalt anwenden). Dieses Mosaik wurde neu geschaffen. *Beati qui esuriunt et sitiunt iustitiam quoniam (Mt. 5/6: Selig, die hungern und dürsten nach der Gerechtigkeit). Beati misericordes (Mt. 5/7: Selig die Barmherzigen) Beati mundo corde (Mt. 5/8: Selig, die ein reines Herz haben). Beati pacifici (Mt. 5/9: Selig, die Frieden stiften). Beati qui persecutionem patiuntur propter iustitiam (Mt. 5/10: Selig, die um der Gerechtigkeit willen verfolgt werden).* Dieses Mosaik wurde neu geschaffen.

7 Zwei Engel, 1848/49, aus Sandstein vom ehemaligen Muttergottesaltar, von Karl Hoffmann nach Entwurf von Andreas Müller, polychromiert von Alexius Kleinertz 1876/77.

8 Hl. Eliphius, 12. Jh. Holzskulptur des zweiten Patrons der Kirche, dessen im Martyrium abgetrennte Kopfkalotte Erzbischof Bruno (953–65) als Reliquie der Abtei schenkte. Die Figur mit originaler Fassung wurde 1986 im Kunsthandel erworben.

9 **Sakramentsschrein, 1985, von Karl Matthäus Winter**, mit Reliefszenen aus dem Alten und Neuen Testament sowie Elfenbeinfiguren der Apostel. 10 **Marienikone, 17. Jh., aus Russland**, gestiftet von den am Aufbau der Kirche beteiligten Bauleuten. 11 **Anbetung der Hll. Drei Könige, um 1530**, Öl auf Holz. Das Triptychon, eine niederrheinische Arbeit, zeigt links die Anbetung der Hirten und rechts die Beschneidung Jesu. Alle Szenen sind in eine reiche Renaissancearchitektur gestellt (vgl. St. Kunibert Nr. 29). 12 **Sandsteinbogen, Kreuzigung und Grablegung, 1509, von Meister Tilman**. Der Bogen könnte Teil des Lettners mit dem Kreuzaltar vor dem Chor gewesen sein, wofür 1509 der Bürgermeister Johann von Aich eine Stiftung machte. Hierhin vermutlich 1749 übertragen, im 19. Jh. unter Putz verborgen und 1949 wieder freigelegt, wobei durch ein Fenster des 19. Jh. der obere Teil verloren ist. In den seitlichen Nischen blieben drei Figuren erhalten, insbesondere Adam und Eva in paradiesischer Nacktheit (vgl. St. Georg Nr. 1d). Als zugehörig werden die Holzskulpturen der Kreuzigung mit Maria und Johannes sowie die Gruppe der Grablegung Christi mit (von rechts) Nikodemus, Johannes, drei Marien und Josef von Arimathäa angenommen. Die Farbgebung stammt aus dem 19. Jh. 13 **Grabplatte für Weihbischof Hermann Joseph Schmitz**, dessen Mosaikgrabplatte von 1902 noch der Restaurierung harrt. 14 **Taufbecken, um 1200**. Möglicherweise stammt es aus St. Brigiden. Das ungewöhnliche längliche Becken ist geschmückt mit Rosetten und Löwenköpfen. Der Deckel aus Zinn mit Darstellungen aus dem Alten und Neuen Testament ist von Karl Matthäus Winter 1984/85. 15 **Epitaph des Grafen Johann II. von Rietberg, gest. 1562**.

16 **Hl. Brigida, 17./18. Jh.** Die Holzskulptur einer Äbtissin wurde 1984 gekauft und hier in der neuen Brigidakapelle aufgestellt, die sichtbar Mauerreste des Turmes der ehemaligen Pfarrkirche St. Brigida aufweist. Das Fußbodenmosaik (vgl. Nr. 6d) verweist auf ihr Patronat für Haustiere. 17 **Ausmalung, 1875–79, von Alexius Kleinertz nach Entwurf August Essenwein**. Davon sind, trotz bedauerlicher Vernachlässigung, noch an vielen Stellen umfangreiche Reste nicht nur der Ornamente, sondern auch von Figuren erhalten. 17a **Konstantin der Große**. 17b **Stephanus von Ungarn**. 17c **Karl der Große**. 17d **Graf Balduin von Flandern**. 18 **Farbfensterzyklus, 1984–90, von Hermann Gottfried**, der leider unvollendet blieb. 18a **Hl. Martin, der mit dem Bettler den Mantel teilt**. 18b **Hl. Martin als Mönch**. 18c **Hl. Martin als Bischof**. Geplant waren im Nordchor die Eliphiuslegende und im Südchor die Brigidenlegende. 18d **»Maria als Königin aller Heiligen«** in der Westfenstergruppe. In der unteren Zone (von links) sind dargestellt: die Begegnung von Maria und Elisabeth (Heimsuchung), darunter die Krüge als Hinweis auf die Hochzeit von Kanaa; die Anbetung der Hll. Drei Könige, darunter Bilder der Zerstörung und des Wiederaufbaus von Groß St. Martin sowie die Mitra als Symbol der Kirche, Taufe Jesu, darunter Säulen als Sinnbild des Tempels Salomons. In der oberen Zone die Vision der »Apokalyptischen Frau« auf einer Wolke, seitlich von Engeln begleitet. 18e **Auferstandener Christus**. 18f **»Der Geist Gottes schwebt über den Wassern«** (Genesis) als erstes (und einzig ausgeführtes) Rosettenfenster. In den weiteren sollte die Schöpfungsgeschichte fortgeführt werden. 18g **Hl. Brigida**.

16

17

17d

18d

18g

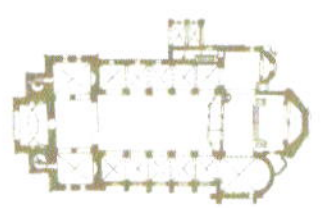

ST. PANTALEON

AM PANTALEONSBERG 6

OBEN: CHRISTUSKOPF VOM SKULPTURENPROGRAMM AM WESTWERK, UM 1000

RECHTS: AUSSENANSICHT VON WESTEN

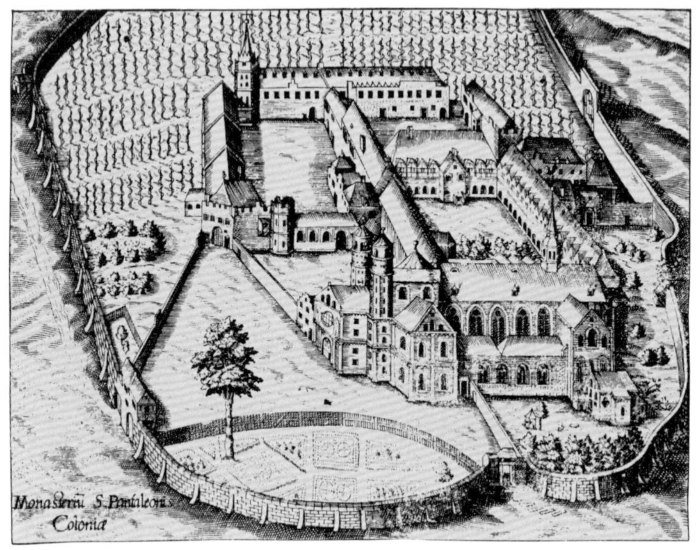

KIRCHE UND KLOSTER IN DER VOGELSCHAU. KUPFERSTICH, 1638, VON KONRAD STENGELIUS

Baugeschichte

Nur die ehemalige **Benediktinerabteikirche** gibt innerhalb der erhaltenen Immunitätsmauer und den in der alten Struktur neu errichteten Gebäuden noch einen guten Eindruck der Gesamtanlage eines Stifts- oder Klosterbezirks. Seit dem 1. Jh. wurde dieser im Süden vor der römischen Stadt liegende Hügel bebaut, wie Reste einer **römischen Villa** mit einer Heizungsanlage (Hypokausten) zeigen, die von der Krypta aus einzusehen ist (bei Führungen). Im 6./7. Jh. als Begräbnisort fränkischer Adeliger genutzt, entstand wohl **um 700 ein Saalbau** vermutlich als Grabkirche, die dann in der 1. Hälfte des 9. Jh. nach Osten verlängert wurde und über einer Winkelgangkrypta eine Apsis erhielt sowie einen ersten Westbau. Dieser Sakralbau wird im Jahre **866 als Annexkirche des Domes** erwähnt und dabei erstmals das Patrozinium des hl. Pantaleon genannt. Ein in der 2. Hälfte des 9. Jh. errichteter und im 10. Jh. abgebrochener **kleinerer Zentralbau**, der als Memorialbau oder Baptisterium gedeutet wird, ist als Grundriss außen im Pflaster vor dem Westbau markiert. Der Bruder Kaiser Ottos I., **Erzbischof Bruno, wurde 955** in St. Pantaleon in sein bischöfliches Amt eingeführt, bei welchem Anlass die Kirche als verfallen bezeichnet wurde. Bruno gründete hier ein Benediktinerkloster und wurde nach seinem frühen Tod 965 in der Krypta beigesetzt. In seinem Testament hinterließ er dieser Gründung umfangreiche Mittel. **980 erfolgte eine Weihe** und 991 wurde im Westwerk Kaiserin Theophanu, die Witwe Kaiser Ottos II. und Mutter Kaiser Ottos III., beigesetzt. Sie hatte die Albinus-Reliquien (vgl. Nr. 21) gestiftet. Im 10. Jh. war die Kirche ein Saalbau mit Ostapsis über einer Krypta, die sich auch unter dem Bereich des Vorchores erstreckte und im Osten von zwei Annexbauten mit je einer östlichen Apsis begleitet wird. Der im Mittelschiff erhaltene Saalbau weist mit seiner ungeheuren Breite von 13 Metern eine Dimension auf, wie sie nur in der Nachfolge kaiserlicher Pfalzsäle zu verstehen ist. Die Wandgliederung im Inneren mit großen Rundbogenblenden ist zu einem großen Teil sichtbar gemacht. Auch die Außenwände waren von großen Rundbogenblenden gegliedert. Der Westbau, ein **Westwerk** mit hohem quadratischem Mittelbau, den im Norden und Süden die Treppentürme überragen, weist im Westen eine hohe Vorhalle sowie seitliche Annexbauten auf. Um **1170/80** erfolgten der Anbau der (gewölbten) Seitenschiffe und eine Neuausstattung, von der sich u. a. die überaus qualitätvollen Reste eines Mosaikbodens erhalten haben. Der Westbau ist im Inneren bis

STIFTMOSAIKBODEN, UM 1170/80
(DEPOT DES RÖMISCH-GERMANISCHEN MUSEUMS)

heute weitgehend original erhalten. Sein quadratischer Mittelraum öffnet sich im Obergeschoss nach drei Seiten zu den Emporenöffnungen. Dabei ist die Westempore beim Wiederaufbau im 19. Jh. verkürzt worden. Ihre ursprüngliche äußere Fassade war mit dem großartigsten **Figuren-Programm** geschmückt, das aus dem frühen Mittelalter bekannt ist. Seine erhaltenen Teile erlauben die Deutung, dass oben in der Mitte Christus (vgl. Abb. S. 162) zwischen knienden Engeln dargestellt war und in den unteren Nischen fünf Heilige: Eine Dreiergruppe mit Pantaleon flankiert von Cosmas und Damian sowie darunter Albinus und Maurinus (bei Führung auf der Westempore zu sehen). Um 1180 erhielt der südöstliche Annexbau (heute Taufkapelle, vgl. Nr. 31) eine reichere Ausgestaltung mit hochgebustem Gewölbe und Wandgliederung. Das Mittelschiff erhielt **1620–22** ein schönes Netzgewölbe von Christoph Wamser, der gleichzeitig den Bau der Kirche St. Mariä Himmelfahrt durchführte. Bedauerlicherweise wurde in St. Pantaleon das Netzgewölbe nach dem Zweiten Weltkrieg nicht wiederhergestellt, sondern durch eine Flachdecke ersetzt. Der nun entstandene Raumeindruck ist allerdings von dem angestrebten des 10. Jh. weit entfernt, da der im 17. Jh. zur Einwölbung erhöhte Obergaden beibehalten wurde und weitgehend auch die damals vergrößerten Fenster mit dem gotischen Maßwerk. Erhalten blieb die 1620–22 neu gebaute Apsis mit der Barockausstattung (vgl. Nr. 26). Der Ende des 17. Jh. versetzte Lettner von 1503 (vgl. Nr. 19) kam 1959 an seine derzeitige Stelle.

Nach der Säkularisation von 1802 war die Benediktinerkirche St. Pantaleon zunächst katholische Pfarrkirche geworden, **1819–1918 evangelische Garnisonskirche**. Der preußische König Friedrich Wilhelm III. betrachtete übrigens die Armee als seinen »Privatbereich« und hielt an der »Einkonfessionalität« seiner Soldaten fest. Die katholischen Wehrpflichtigen waren, ebenso wie die jüdischen Soldaten, automatisch Mitglieder der evangelischen Gemeinden und mussten an jedem 4. Sonntag am evangelischen Gottesdienst teilnehmen, »um sie an die nötige Achtung für die Hauptreligion des Landes zu gewöhnen«. Zusätzlich aber war St. Pantaleon auch nach 1819 als Simultankirche von der katholischen Zivil-Gemeinde genutzt. Als sich aber 1870, nach der Verkündung des Dogmas von der Unfehlbarkeit des Papstes, die Altkatholiken

LINKS: INNENANSICHT NACH WESTEN MIT DEM LETTNER VOR DEM WESTBAU. AQUARELL AUS DER SAMMLUNG JOHANN PETER WEYER, UM 1838 (KÖLNISCHES STADMUSEUM). RECHTS: INNENANSICHT NACH OSTEN MIT WIEDER VERSETZTEM LETTNER

abspalteten und ebenfalls in St. Pantaleon ihre Gottesdienste abhalten durften, zog die katholische Gemeinde nach St. Maria vom Frieden. Während der militärischen Nutzung von St. Pantaleon wurde zunächst auf dem im 17./18. Jh. barockisierten Mittelturm 1835–52 eine Station des optischen Telegrafen von Berlin nach Koblenz eingerichtet, **1888–92** aber das Westwerk durch die preußische Bauverwaltung mit verkürztem Westflügel rekonstruiert. **1921** wurde St. Pantaleon wieder katholische Pfarrkirche, die Evangelischen bekamen die Kartäuserkirche. Im Zweiten Weltkrieg sehr schwer beschädigt, war ab 1947 das abgemauerte Südseitenschiff als **Notkirche** genutzt, bis 1959 die durch Wilhelm Hartmann und Willy Weyres aufgebaute Kirche wieder zur Verfügung stand.

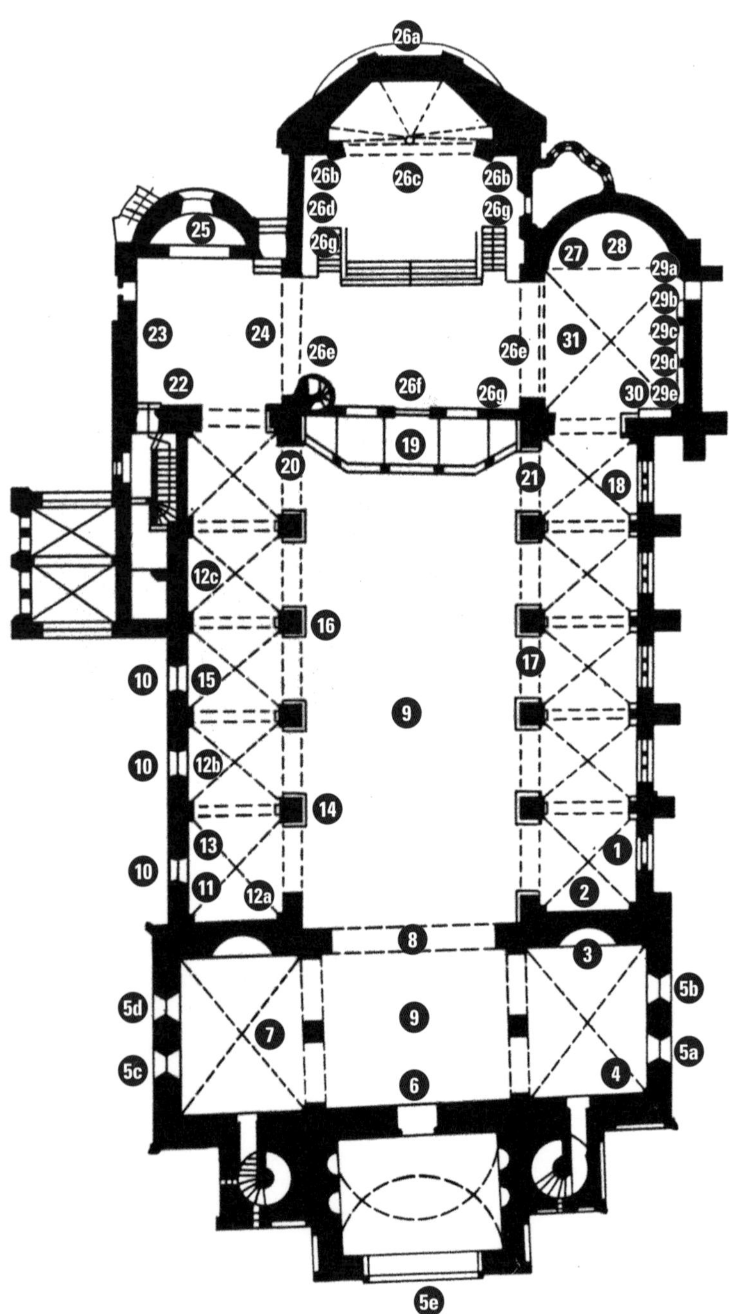
26a
26b
26c
26b
26d
26g
25
26g
27
28
29a
29b
29c
29d
29e
23
24
26e
26e
31
22
26f
26g
30
19
20
21
18
12c
16
17
10
15
9
10
12b
14
13
1
10
11
12a
2
8
3
5b
5d
9
7
5a
5c
4
6
5e

1 Windfang, 1625
2 Wappenschild, 1732
3 Pietà, 15. Jh.
4 Kruzifix, 1744
5 Farbfenster, 1985–89
5a Christus u. Martin
5b Hl. Martin als Bischof
5c Johannes als Prediger
5d Johannes tauft Jesus
5e Erzengel
6 Maria u. Engel, um 1160/80
7 Theophanu-Sarkophag, 1965
8 Leuchter, 1967
9 Deckenmalerei, 1966 u. 1992/93
10 Farbfenster, 1984/85
11 Kalvarienberg, um 1520
12a Beichtstuhl, 18. Jh.
12b Beichtstuhl, 20. Jh.
12c Beichtstuhl, 18. Jh.
13 Kreuzweg, 20. Jh.
14 Epitaph, 1639
15 Hl. Josef, 19. Jh.
16 Kanzel, 1747–49
17 Madonna, 15./16. Jh.
18 Hl. Antonius, 20. Jh.
19 Lettner, um 1503
20 Maurinusschrein, um 1170
21 Albinusschrein, um 1186
22 Mäander, 9./10. Jh.
23 Abendmahl, um 1749
24 Anbetung der Könige, 17. Jh.
25 Nordapsis
26 (Barock)-Ausstattung des Chores
26a Farbfenster, 1620/22
26b Holzskulpturen, um 1620
26c Hochaltar, 1747–49
26d Grabmal, 1749
26e Chorgestühl, 14. Jh.
26f Kruzifix, 15. Jh.
26g Apostel von 1694
27 Hl. Johannes, um 1500
28 Kreuzigung, um 1550
29 Wandmalereien, 1240/50
30 Doppelgrabmal, um 1500
31 Taufort, 2013

1 Windfang, 1625. Dem schönen Renaissance-Kunstwerk fehlt seit dem Zweiten Weltkrieg der einst prachtvolle Aufsatz mit der Jahreszahl 1625. **2 Hölzerner Wappenschild, 1732**. **3 Pietà, 15. Jh.** Die Holzskulptur wurde 1965 im Kunsthandel erworben. Den Sockel mit Lichterkranz schuf 1966 Paul Nagel. **4 Kruzifix, 1744**, Öl auf Leinwand. Das Bild war im 19. Jh., während der Nutzung als evangelische Garnisonskirche, vor der Mittelgruppe des Hochaltares angebracht. Danach als Teil des Kriegerdenkmals am Ende des nördlichen Seitenschiffes. **5 Farbfenster, 1985–89, von Dietrich Hartmann**. **5a Christus erscheint Martin** mit der Mantelhälfte, darüber die Mantelteilung. **5b Der hl. Martin als Bischof von Tours**. **5c Johannes der Täufer als Prediger**. **5d Johannes tauft Jesus im Jordan**. **5e (Auf der Empore) Erzengel**. Drei Fenster mit der Darstellung von Erzengeln, die mit Lanzen das Böse fernhalten sollen. **6 Thronende Maria mit Kind und Engeln, um 1160/80**. Die Wandmalerei des Bogenfeldes stammt vom inneren Nordportal des Nordannexes (= nördliches Querhaus) und wurde 1955 hierhin übertragen. Das skulptierte äußere Bogenfeld dieses Portals, das zum Kreuzgang führte, befindet sich in St. Cäcilien/Museum Schnütgen (vgl. dort Nr. 6). Das Holzportal mit figürlichen Szenen (Cosmas und Damian), 1964–67, von Theo Heiermann.

7 **Theophanu-Sarkophag, 1965, von Sepp Hürten**. Der ehemals für den Südannex (südliches Querhaus) geschaffene Marmorsarkophag für die aus dem fernen Byzanz gekommene Kaiserin Theophanu, die 991 starb, hat die Form eines Reisekoffers. Im Relief mit dem Otto III. und Theophanu segnenden Christus und der Inschrift »Domina Theophanu Imperatrix« sind die Hagia Sophia in Byzanz und das Westwerk von St. Pantaleon gegenübergestellt. Die nördliche Westwerkkapelle, in der der Sarkophag nun steht, wurde in den 1990er-Jahren mit neuen Ausstattungsstücken u. a. griechischer Künstler gestaltet. 8 **Siebenarmiger Leuchter, 1967, von Rolf Bendgens**, mit figürlichen Darstellungen. 9 **Deckenmalerei, 1966, Gerhard Kadow, und 1992/93, Dieter Hartmann**. Im Westwerk hat Kadow eine stilisierte Darstellung des Himmlischen Jerusalem gestaltet, während Hartmann in den Kassetten der Langhaus- und Chordecke ein umfangreiches Programm des Alten und Neuen Testaments verwirklichte. Im Chor sind die Dreifaltigkeit sowie die Paradiesflüsse im Wechsel mit der Darstellung von Engeln zu sehen, im Langhaus in der mittleren Reihe der Stammbaum Christi beginnend mit Adam über Abraham, Salomo, David, begleitet links und rechts von Aposteln und Propheten. In den Außenreihen sind links die mit St. Pantaleon verbundenen Heiligen (u. a. Albinus, Maurinus, Bruno) und rechts die bedeutenden historischen Persönlichkeiten (u. a. Otto III., Theophanu). Im Südseitenschiff ist der Entwurf von 1991 ausgestellt. Die Fußbodengestaltung im Westwerk ist von Elmar Hillebrand, 1965. 10 **Farbfenster, 1984/85, von Paul Weigmann.** Die feine Blattornamentik war ein besonderer Wunsch des damaligen Pfarrers Karl Heinz Bergmann für die Fenster der Seitenschiffe.

11 **Kalvarienberg, um 1520**, Öl auf Holz. Im 19. Jh. erworben. Im Vordergrund der Künstler, ein Franziskanermönch, mit Pinsel und Palette. Westfälische und thüringische Einflüsse erkennbar. 12a **Beichtstuhl, 18. Jh.** 12b **Beichtstuhl, neubarock, 20. Jh.** 12c **Beichtstuhl, 18. Jh.** 13 **Kreuzweg, Ende 20. Jh.** 14 **Epitaph van den Reven, 1639**. Die Tuffsteinskulptur zeigt ein Relief mit der Darstellung von Christus als Erlöser der Ungetauften in der Vorhölle. Am unteren Rand die beschädigte Figur des Wilhelm Dietrich van den Reven (gest. 1639). 15 **Hl. Josef, Holzskulptur, 19. Jh.** 16 **Kanzel, 1747–49**. Die mit Stuckmarmor verzierte Kanzel mit prachtvollem Schalldeckel entstand zusammen mit dem neuen Hochaltar (vgl. Nr. 26c). Die Malerei zeigt am Kanzelkorb die vier Evangelisten mit ihren Symbolen, am Treppenaufgang Jesus bei Nikodemus, Jesus und die Samariterin, die Heilung des Blinden, die Schlüsselübergabe an Petrus sowie am Kanzelpfeiler die Bergpredigt. (Die Kanzel von 1612 befindet sich in St. Bartholomäus in Andernach-Namedy). 17 **Madonna mit Kind, 15./16. Jh.**, Holzskulptur. 18 **Hl. Antonius, 20. Jh.**, Steinskulptur. 19 **Lettner, um 1503**, gestiftet von Abt Johann Lüninck, stand ursprünglich ein Joch weiter westlich im Mittelschiff. Im 17. Jh. wurde er als Tribüne für die Orgel von 1652 vor den Westbau gesetzt (vgl. Abb. S. 167). Dabei wurde nur die eine Schauwand verwendet, während die ursprünglich zum Chor gewandte Seite verloren ging. Der unter brabantischem Einfluss entstandene Lettner zeigt an seiner erhaltenen vorderen Schauseite eine 5-achsige Arkadenfront mit mittlerem Korbbogen zwischen seitlichen Kielbögen, die auf erneu-

erten Säulen ruhen. An den Pfeilern, die die durchbrochen gearbeitete reiche Maßwerkbrüstung tragen, stehen (von links nach rechts): die hll. Johannes Evangelist, Benedikt, Maurinus, Quirinus. In der Mitte erhöht steht die Muttergottes mit dem Kind begleitet von den hll. Pantaleon (rechts) und Albinus (links). Die vier Figürchen der Evangelisten wurden im 19. Jh. erneuert. Die seitlich aufgestellten hll. Paulus und Mauritius stammen aus dem Zusammenhang des Lettners. Das Wappen von Abt Lüninck zeigt den Sperling, der als Zeichen seiner Stiftung zentral zu sehen ist. 1959 wurde die erhaltene Lettnerhälfte samt barockem Orgelprospekt wieder nach Osten versetzt und mit einer neuen Ostwand, die Clemens Fischer 1966 bemalte, ergänzt. Der neue Standort ist, mit Rücksicht auf die erhaltene Barockausstattung des Chores, um ein Joch weiter nach Osten verschoben worden. Den neuen Lettneraltar aus rosa Marmor schuf Elmar Hillebrand 1964. Das Kruzifix über dem Altar ist aus dem 3. Viertel 14. Jh. Das Adlerpult 16./17. Jh., der Unterbau 20. Jh.

20 **Maurinusschrein, um 1170**. Die Gebeine des hl. Maurinus waren 966 beim Neubau der Kirche gefunden worden. Sein Schrein besitzt noch die Vierpassbilder mit silbergetriebenen und vergoldeten Reliefs mit der Darstellung von Martyrien (die rechte Seite, Anfang 13. Jh., da sie den Einfluss des Nikolaus von Verdun zeigt) sowie den Emailleschmuck der Architekturglieder. Der ehemalige Figurenschmuck der Arkaden ist anhand der Inschriften bekannt: Apostel an den Längsseiten, vorne Christus zwischen Pantaleon und Maurinus, hinten Maria zwischen den hll. Laurentius und Bruno. 21 **Albinusschrein, um 1186**. Er enthält die von Kaiserin Theophanu gestifteten Reliquien des hl. Albinus. Die Dachreliefs zeigen links Darstellungen der Albinuslegende, rechts einen Christuszyklus vom Anfang 13. Jh., der den Einfluss des Nikolaus von Verdun erkennen lässt. An den Längsseiten waren Kölner Kirchenpatrone, am vorderen Giebel wohl eine Christusdarstellung (Maiestas Domini), am rückwärtigen Giebel Kaiserin Theophanu mit den hll. Germanus und Albinus. 22 **Mäander, 9./10. Jh.** Wandmalerei, die 1953 in der rechten Laibung des nordöstlichen Rundbogenfensters des Nordannexes gefunden und abgenommen wurde. Der perspektivische, mehrfarbige Mäander weist auf eine sehr qualitätvolle Gesamtausmalung des damaligen Baus hin. 23 **Abendmahl, um 1749**. Das Ölgemälde auf Holz ist das Antependium des Hochaltares (vgl. Nr. 26c). Es zeigt in einem Rokokorahmen die sehr bewegte Szene mit Christus in der Mitte, dem Judas schräg gegenüber sitzt. 24 **Anbetung der Hll. Drei Könige, Mitte 17. Jh.**, Öl auf Leinwand. Soll aus St. Maria vom Frieden stammen.

25 **Nordapsis, 2006, gewidmet dem hl. Josefmaria Escrivá**, Gründer von Opus Dei. Farbfenster und Ausmalung Clemens Hillebrand, Altar und Bronzeplastik Escrivá Elmar Hillebrand. Im Fenstermedaillon die hl. Maria in einem Buch lesend, während der hl. Josef das Jesuskind hält. 26 **(Barock)-Ausstattung des Chores.** 26a **Farbfenster, 1620/22, von Heinrich Bruin d. J.**, für die damals neu gebaute Apsis (vgl. auch Abb. S. 177). Im Mittelfenster die Kreuzigung, links der hl. Pantaleon begleitet von den hll. Mauritius und Quirinus, rechts der hl. Benedikt mit vermutlich den Erzbischöfen Bruno und Engelbert. 26b **Holzskulpturen, um 1620**. Von dem damals neu errichteten Hochaltar haben sich nur die Figuren des Christus Salvator und der Maria Immaculata erhalten, die um 1620 wohl von Jeremias Geisselbrunn geschaffen wurden. 26c **Hochaltar, 1747–49** (vgl. Abb. S. 177). Der Stuckmarmoraltar und die seitliche marmorierte Holzvertäfelung stellen insgesamt die einzige in größerem Unfang erhaltene Barockausstattung in den Kölner Romanischen Kirchen dar. Im Zentrum ist das Stuckrelief mit dem hl. Pantaleon, seitlich begleitet (von links) von den Holzskulpturen der hll. Bruno, Albinus, Quirinus und Sebastian. Die nur bei Führungen zugängliche Schatzkammer hinter dem Hochaltar wurde 2010 von Ingrid Bussenius gestaltet. 26d **Grabmal des Erzbischofs Bruno, 1749**. Das aus Stuckmarmor geschaffene Grabmal stand vor den Stufen des Hochaltares und war ins Mittelschiff ausgerichtet (vgl. Abb. S. 167). 26e **Chorgestühl, 14. Jh.**, von der mittelalterlichen Chorausstattung. 26f **Kruzifix, Ende 15. Jh.**, an der Rückwand des Lettners. 26g **Apostel, von 1694**. Von einem Zyklus von Holzskulpturen der Zwölf Apostel, die 1694 für die Pfeiler des Langhauses für 320 Taler gekauft worden waren, sind an den Wänden des Chores drei aufgestellt, während sechs Figuren 1970/80 in den Hochaltar von St. Mariä Himmelfahrt kamen.

27 **Hl. Johannes der Täufer, um 1500**, Holzskulptur. 28 **Kreuzigungstriptychon, um 1550**, aus dem Umkreis von Bartel Bruyn d. Ä., Öl auf Holz. 1962 im Kunsthandel erworben. Links Christus am Ölberg, rechts Christus als Schmerzensmann und Maria. 29 **Wandmalereien, 1240/50**. Sie stammen von je zwei spitzbogigen Nischen zuseiten des Altares im Scheitel der Krypta, wurden 1925 entdeckt und 1952 abgenommen. Sie zeigen von links nach rechts die Verkündigung, die Geburt Jesu, die Anbetung der Hll. Drei Könige, den Marientod sowie (über der Tür) den Kopf Christi mit Kreuznimbus aus dem Gewölbe. 30 **Doppelgrabmal, um 1500**, für Graf Friedrich IV. von Moers (gest. 1448) (links, mit Orden des Goldenen Vlieses) und seinen Sohn Vincenz (gest. 1499) (rechts). Die aufgerichteten Steinskulpturen waren bis 1690 hier im Südannex (= südliches Querhaus) Liegefiguren des Grabmals. 31 **Taufort, 2013, von Thomas Jessen u. a.** Das Taufbecken von Maria J. Fernandez steht inmitten eines in den Boden eingelassenen Messingkreises mit dem eingravierten lateinischen Glaubensbekenntnis. Die Wand zum Hochchor ist von Thomas Jessen mit sieben goldenen Pfeilern gestaltet, in denen auf Augenhöhe Bilder eingesetzt sind. Im Zentrum ist Maria Magdalena weinend am leeren Grab, während der Auferstandene sie anspricht. Die davor kniende Frau wendet sich um und lenkt die Aufmerksamkeit besonders auf dieses Bild. Links davon sind drei alttestamentliche Szenen: Erschaffung Adams, Durchzug durchs Rote Meer, Moses und Aaron mit den Gesetzestafeln am Sinai; rechts drei neutestamentliche Szenen: Tod Jesu am Kreuz, beim letzten Abendmahl reicht Jesus den Kelch an Johannes, Taufe Jesu.

26c

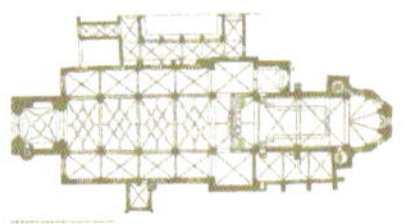

ST. SEVERIN

SEVERINSKIRCHPLATZ

OBEN: HL. SEVERIN MIT MODELL DER KIRCHE. DETAIL DES WANDGEMÄLDES IN DER SAKRISTEI, NACH 1411
RECHTS: AUSSENANSICHT VON SÜDWESTEN

KAMPF DES THESEUS MIT DEM MINOTAURUS. RÖMISCHE SPOLIE ALS MITTELSTEIN DES EHEMALIGEN LABYRINTHS DES 13. JH

Baugeschichte

Die ehemalige **Herrenstiftskirche**, eine recht einheitlich erscheinende dreischiffige romanisch-gotische Basilika mit Westturm, Langchor über Krypta und Ausgrabungszone, hat nichtsdestotrotz eine außerordentlich bewegte und jahrhundertelange Baugeschichte. Der Beginn ist auch hier ein römischer Friedhof, der sich entlang der Ausfallstraße nach Süden ausdehnte. Anders aber als bei St. Gereon und St. Ursula wurde dieses **römische Gräberfeld** nicht Gegenstand einer umfassenden Legende und Heiligenverehrung. Möglicherweise stammt das antik-römische Mittelfeld mit der Inkrustation des Kampfes von Theseus mit dem Minotaurus, das im 13. Jh. im Langhaus für das **Labyrinth** verwendet wurde, jedoch von einem der Grabbauten. Der Kernbau von St. Severin, ein **Memorialbau** von 9,5 mal 7,5 Metern mit halbrunder Apsis im Westen, der auf die römische Nord-Süd-Straße (später Severinstraße) ausgerichtet war, könnte eine besondere Bedeutung gehabt haben, da sich an ihm alle weiteren Baumaßnahmen ausrichteten. Die Legende weist ihn als Grabstätte des Kölner Bischofs **Severin** aus, der im Jahre 397 in Köln vom Tod des Bischofs Martin in Tours durch Engelgesang erfuhr. Die Engelkapelle an der benachbarten Kartäuserkirche tradiert den Ort dieser legendären frühchristlichen Telepathie. Die erste tatsächliche Erwähnung von Severin im Zusammenhang mit einer Kirche an der Severinstraße ist allerdings erst für 804 überliefert. Seit dem Ende des 8. Jh. war an dem bereits mehrfach erweiterten Sakralbau ein Herrenstift eingerichtet worden. Ein **948 geweihter Neubau** brachte die Umorientierung nach Osten. Als Grund dafür wird die besondere Verehrung des legendären Severinsgrabes angenommen, das direkt östlich des ersten Baus gelegen haben könnte und nun ins Zentrum der Verehrung rückte. Von dieser dreischiffigen Basilika des 10. Jh. mit gerade schließendem Ostchor und einem massiven Westbau ist

CHOR

bis heute die Breite von Mittel- und Seitenschiffen bewahrt sowie die seitlichen Chorräume als Querschiffflügel und die Confessio, d. h. die verehrte Grabstätte des hl. Severin. Der flachgedeckte **Langchor über einer Krypta wurde 1043 geweiht**. Danach fügte man die seitlichen Chorkapellen an, von denen die nördliche als Severinskapelle erhalten ist, während die südliche um 1300 durch die heutige Sakristei ersetzt wurde. **1230–37** erhielt der zu dieser Zeit gewölbte Langchor ein neues Chorhaupt über einer östlichen Erweiterung der Krypta. Die (polygonale) Apsis, deren reicher mehrschaliger Wandaufbau der Spätphase der Romanik am Beginn des 13. Jh. entspricht, gehört mit den flankierenden Chortürmen, deren markante Spitzhelme im 14. Jh. zugefügt wurden, zu dem Typus der auf den Rhein ausgerichteten Chorfassaden in Köln. Das **Langhaus wurde im 13. und 15. Jh. erneuert**, was vor allem der wachsenden Bevölkerung in diesem Stadtviertel zuzuschreiben ist, die die Stiftskirche mit dem Kreuzaltar vor dem Lettner zunehmend für den Pfarrgottesdienst beanspruchte, während die Stiftsherren den Langchor mit dem schönen Chorgestühl nutzten. **1393–1411 entstand der mächtige Westturm**. Nach der Säkularisation von 1802 wurde St. Severin als Ganzes Pfarrkirche. Die Beschädigungen durch den **Zweiten Weltkrieg** waren in St. Severin erfreulicherweise nicht ganz so dramatisch, sodass beim Aufbau durch Karl Band keine grundsätzlichen Veränderungen erfolgten. Allerdings ist die zeittypische Vereinfachung z. B. bei der Erneuerung der Dachlandschaft von Langhaus und Westturm ganz klar zu erkennen, und auch im Inneren wurde möglichst alles entfernt, was im 19. Jh. an Ausstattungen geschaffen wurde und sogar die Restaurierung der 1930er-Jahre überstanden hatte.

Ein ganz besonderer und einmaliger Schatz der Kirche sind die frühmittelalterlichen Textilien (7.–10. Jh.) aus dem östlichen Mittelmeerraum in der **Südkrypta**, die 1999 bei der Öffnung des originalen Holzkerns des Severinsschreines entnommen und aufwendig restauriert wurden. Besonders wertvoll ist dabei auch ein kleiner Rest Blöckchendamast, datierbar um 400, der somit noch von der Bestattung des hl. Severin stammen kann. Die Besichtigung dieser seit 2005 in speziellen Vitrinen ausgestellten Schätze ist nur im Rahmen von Führungen möglich. Dasselbe gilt für den Besuch der **Ausgrabungszone**, die unter weiten Teilen des Langhauses den römischen Friedhof sowie den Kernbau des 4./5. Jh. mit seinen Er-

INNENANSICHT NACH WESTEN

weiterungen zeigt. Auch die **Sakristei** mit der Wandmalerei von 1411, eine Kreuzigung mit den hll. (von links) Severin mit Kirchenmodell (vgl. Abb. S. 178), Petrus, Maria, Johannes, Paulus und Margaretha, kann bei der Führung besichtigt werden.

Ein ganz besonderes Erlebnis aber ist frei zugänglich und immer dienstagabends möglich: die **Hörnchensmesse** im Langchor. Neben dem hl. Severin werden nämlich auch die hll. Cyprianus und insbesondere Cornelius verehrt, dessen Horn (vgl. Nr. 36) zu dieser Messe auf dem Hochaltar ausgestellt wird. Die Gläubigen dürfen im Chorgestühl (vgl. Nr. 28) Platz nehmen und haben im Rahmen dieses Gottesdienstes auch die Möglichkeit, in einer Prozession hinter dem Hochaltar (vgl. Nr. 35) unter dem Severinsschrein durchzuschreiten, um so der besonderen Ausstrahlung des Heiligen teilhaftig zu werden.

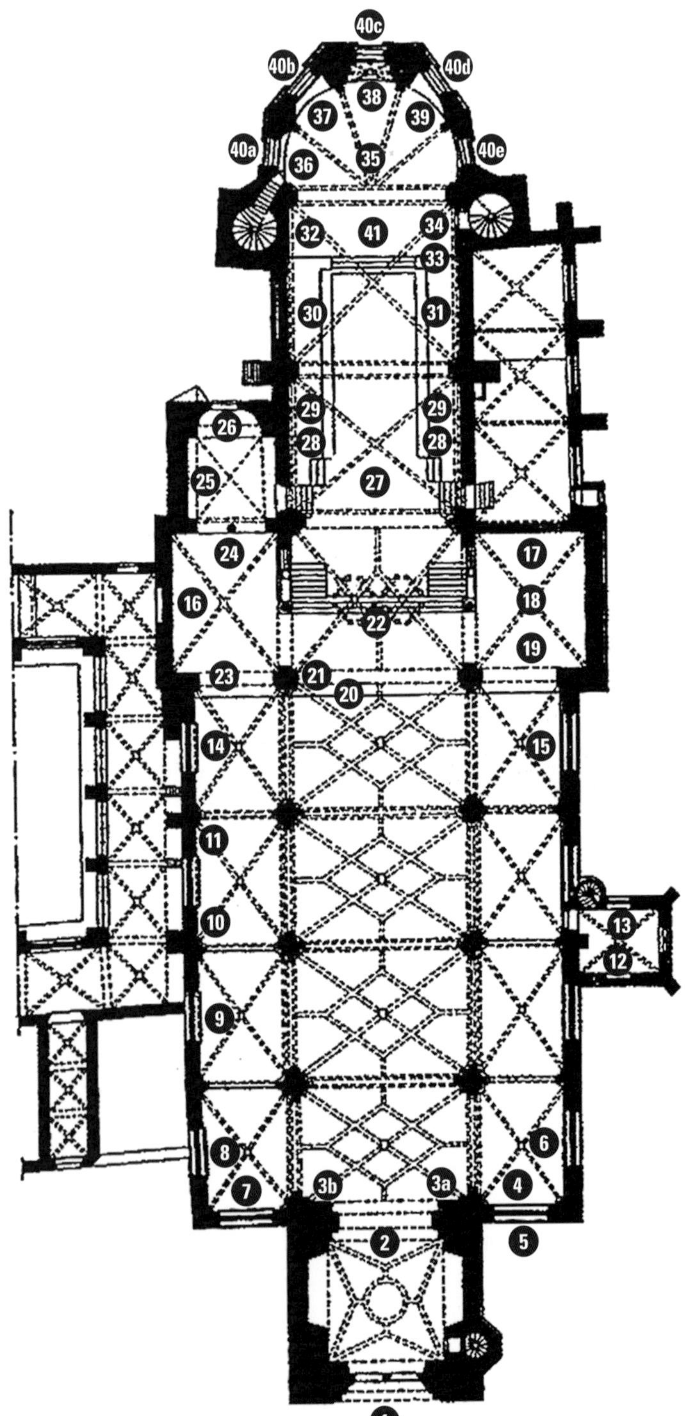
40c
40b
40d
38
37
39
40a
35
40e
36
32
41
34
33
30
31
29
29
26
28
28
25
27
24
17
16
18
22
19
23
21
20
14
15
11
10
13
12
9
8
6
7
3b
3a
4
2
5
1

1 Portalfiguren, 1894
2 Orgel u. Fenster, 1987/91
3a Mannalese, um 1600
3b Hl. Abendmahl, um 1600
4 Epitaph Wippermann, 1605
5 Kreuzigung, 16. Jh.
6 Epitaph Tisch, 1568
7 Epitaph Heresbach, 1605
8 »Karfreitag«, 1990
9 Epitaph Chimarrhäus, 1614
10 Memorienaltar, 1614
11 Porträt A. Beck, vor 1682
12 Ehem. Pfarrsakristei
13 Pietà, um 1410
14 Beichtstuhl, um 1960
15 Epitaph Gaill, 1628
16 Brunozyklus, 1753/54
17 Triptychon, um 1550–55
18 Altar, 1890er-Jahre
19 Mosaik, 1890er-Jahre
20 Adlerpult, um 1400
21 Madonna, 1270/90
22 Gabelkruzifix, um 1350
23 Standleuchter, 1664
24 Taufstein, 14. Jh.
25 Wandmalerei, 1937
26 Kreuzigung, 16. Jh.
27 Plattenmosaik, 12. Jh.
28 Chorgestühl, 13. Jh.
29 Severinszyklus, 1499–1501
30 Himmelfahrt Marien, 1887
31 Marienkrönung, 1887
32 Kreuzigung, 1758
33 Sakramentshaus, 1607
34 Jesus im Tempel, 17. Jh.
35 Hochaltar, 1237
36 Wandschrank, 1383
37 Reliquienschrank
38 Tafelbilder, um 1500
39 Chimarrhäusplatte
40 Chorfenster, 1984/89
41 Gewölbemalerei, 13. Jh.

Zurzeit nicht da:
Nr. 8, 11, 14, 32, 34

1 **Portalfiguren, 1894, von Friedrich Custodis**: (von links) die hll. Severin, Bruno, Cyprianus, Cornelius. In der Eingangskapelle u. a. Holzskulptur des hl. Antonius (wohl 1930er-Jahre). 2 **Orgel, 1987–90, und Westfenster, 1991**. Die Orgel von Fa. Willi Peter/Köln, das Westfenster mit den musizierenden Engeln von Paul Weigmann. 3a **Mannalese, um 1600**. 3b **Hl. Abendmahl, um 1600**. Die beiden Alabasterreliefs sind niederländische Arbeiten, von einem Sakramentshaus oder einem Epitaph. 4 **Epitaph Konrad Wippermann (gest. 1605)**, Dechant an St. Severin. Davor Bronzeambo, 19. Jh., in Form eines Engels. 5 **Kreuzigung, Anfang 16. Jh.** Das Farbfenster wurde 1824 aus der Glasgemäldesammlung Hirn erworben. 6 **Epitaph Dr. Georg Tisch (gest. 1568)**, Dechant an St. Severin. 7 **Epitaph Ludger Heresbach (gest. 1605)**, Scholaster. 8 **»Karfreitag« in der Severinstraße, 1990, von Jürgen Hans Grümmer**. Das Diptychon zeigt links Jesus auf einem Esel Richtung Severinstorburg reitend, rechts den gekrönten Pontius Pilatus. Das Hemd verweist auf die Entkleidung Jesu vor der Kreuzigung. In der Mitte eine Gefangenenprozession, beginnend beim Tor mit der zynischen Aufschrift der KZs: »Arbeit macht frei«. 9 **Epitaph Jakob Chimarrhäus (gest. 1614)**, Propst von St. Severin und am Hof von Kaiser Rudolf II. in Prag tätig. Im Mittelfeld ursprünglich die Kupferplatte (vgl. Nr. 39), seit 1997 hier ein Votivbild von E. Jerrigh, das den 1587 gestorbenen Stifter Theobald Crassel vor Christus an der Geißelsäule zeigt. Darüber Alabasterfiguren der drei Kirchenpatrone Severin, Cornelius, Cyprianus. 10 **Memorienaltar, 1614**, der Eheleute Jakob Duetzmann und Christina Broels aus St. Maria Magdalena: Relief Auferweckung des Lazarus.

11 **Porträt Arnold Beck (gest. 1682)**, Kanoniker, Öl auf Leinwand. 12 **Ehemalige Pfarrsakristei**. 1963 wurde sie als Andachtskapelle umgestaltet und mit Farbfenstern von Helmut Lang (u. a. Verkündigung und Marienkrönung) geschmückt. Gedächtniskapelle für Benedikt Schmittmann, der 1939 im KZ ermordet wurde. Seine Statue steht außen an der Ostseite. 13 **Pietà, um 1410**, fränkisch, 1963 erworben. 14 **Beichtstuhl** mit Reliefs von Olaf Höhnen, wohl um 1960. 15 **Epitaph Philipp Jakob Gaill (gest. 1628)**, Stiftskämmerer, den das Geldorp Goltzius zugeschriebene Ölbild zeigt. 16 **Brunozyklus, 1753/54**, Öl auf Leinwand. Der achtteilige Bilderzyklus, den Peter Josef Schmitz nach französischem Vorbild malte, stammt aus dem Kölner Kartäuserkloster. Bruno war der Gründer des Kartäuserordens. 16a **Bruno als Lehrer** der Theologie an der Domschule zu Reims, 16b **Die redende Leiche** (der Gestorbene richtet sich bei seiner geplanten Beerdigung in der Kathedrale von Reims dreimal auf und sagt, dass er als Sünder zur Hölle verdammt sei, sodass er draußen in ungeweihtem Boden beigesetzt werden musste), 16c **Bruno verlässt mit 6 Gefährten die Welt**, 16d **Ankunft Brunos** und seiner Gefährten beim hl. Hugo, dem Bischof von Grenoble, 16e **Einkleidung Brunos** und seiner Gefährten zu Mönchen durch den hl. Hugo, 16f **Ankunft Brunos in Rom** bei Papst Urban II., 16g **Ablehnung der Mitra** als Erzbischof von Reggio durch Bruno, 16h **Brunos Tod**.

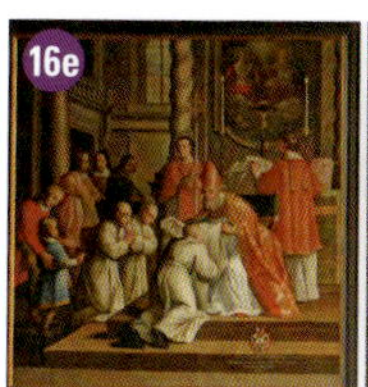

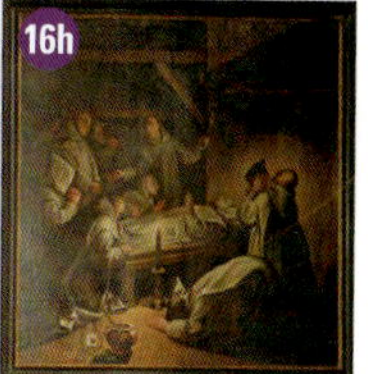

17 **Triptychon, um 1550–55**, von Bartholomäus Bruyn d. Ä., Mitteltafel: Abendmahl, Mannalese (links), Abraham und Melchisedek (rechts). Auf den Außenseiten die hll. Gudula, Nikasius, Helena (links), Konstantin, Katharina, Georg (rechts). Stiftung der Familie Hackeney. Kam erst 1987 von der Kriegsauslagerung aus Weimar zurück. 18 **Altar der 1890er-Jahre**. Tabernakel vom ehemaligen Hochaltar, den Friedrich Wilhelm Mengelberg 1892 schuf (vgl. Nr. 35). 19 **Fußbodenmosaik, 1890er-Jahre**. Hirsche am Wasser (Psalm 42), Rest des einst prachtvollen Mosaikbodens in der gesamten Kirche. 20 **Adlerpult, um 1400**, Bronze, Unterbau 19. Jh. 21 **Madonna, 1270/90**. Die heute ihrer letzten Farbfassung des 19. Jh. beraubte Steinskulptur könnte ursprünglich zum Marienaltar in der Ostnische der Krypta gehört haben. 22 **Gabelkruzifix, um 1350**. Die in der Nachfolge des Kreuzes in St. Maria im Kapitol (vgl. dort Nr. 24) entstandene Darstellung des leidenden Christus hing im Mittelalter über dem Kreuzaltar beim Lettner vor dem Hochchor. Sein Standort heute ist also dem originalen sehr nahe. Der Altar des 15. Jh. kam aus St. Makkabäer 1808 zunächst nach St. Andreas, nach dem Zweiten Weltkrieg nach St. Severin. 23 **Standleuchter, 1664**, errichtet von der 1384 gegründeten und an St. Severin ansässigen Bauernbank. Diese genossenschaftliche Vereinigung der Ackerbauern und Grundbesitzer nahm mit der Kerze an den Pfarrprozessionen teil. Zur Aufbewahrung in der Kirche diente dieser schmiedeeiserne Kerzenleuchter auf steinernem Sockel. Am hölzernen Kerzenfuß befindet sich eine Figur des hl. Severin.

24 **Taufstein, 14. Jh.** Das maßwerkgeschmückte achtseitige Taufbecken war ursprünglich am Ende des südlichen Seitenschiffes aufgestellt. Das Farbfenster, 1965, von Hans Lünenborg, der Osterleuchter, um 1985/90, von Egino Weinert. 25 **Wandmalerei, 1937, von Hans Zepter** (1988 wieder freigelegt und 1996/98 restauriert) mit Darstellung der Kölner Bischofsheiligen Anno, Bruno, Kunibert, Severin. In der Apsis das Apostelkonzil. Der wohl zeitgleiche Wandteppich mit Darstellung des hl. Severin nach Entwurf der Kölner Werkschulen vom Paramentenverein gestickt. 26 **Kreuzigung, Anfang 16. Jh.** Die Mitteltafel des Triptychons zeigt den Stiftsherrn Johann Boichen (1471–1511). Die ursprünglich nicht zugehörigen Seitenflügel wurden Anfang des 19. Jh. aus St. Martin in Euskirchen erworben: Martyrium Petri (links), Johannesvision (rechts). 27 **Plattenmosaik, Mitte 12. Jh.** Mit der von Kreisen begleiteten Mittelrosette und den vier Ornamentfeldern ist es vermutlich eine abstrahierte Weltbilddarstellung, die trotz wiederholter Neugestaltung des Chorfußbodens durch die Jahrhunderte erhalten blieb. 28 **Chorgestühl, Ende 13. Jh.** Das mit reichem figürlichem Schnitzwerk geschmückte Gestühl zeugt mit 62 Sitzen von der einstigen Größe des Chorherrenstiftes.

29 **Severinszyklus, 1499–1501**, aus der Werkstatt des Meisters von St. Ursula. 1724 wurden die Bilder von den damaligen Stiftsherren im unteren Teil mit dem Legendentext sowie ihren Bildnissen und Wappen ergänzt. Die damals angefertigten reichen Rahmen entfernte man in den 1930er-Jahren. Zwei der Bilder (29j, 29k) die 1880 verkauft worden waren und ins Wallraf-Richartz-Museum gelangten, sind seit 1952 als Leihgaben wieder in der Kirche.

Nordseite von links oben (29a–j) bis zur Südseite rechts unten (29k–t):

29a **Der Kölner Bischof Euphrates wird im Jahr 346 abgesetzt**, weil er nicht den richtigen Glauben hat. 29b **Severin wird von zwei Bischöfen zum Bischof von Köln gewählt**. 29c **Die Predigt von Severin** führt die Kölner wieder zum rechten Glauben. 29d **Der hl. Martin, Bischof von Tours, stirbt**. 29e **Severin hört Engel singen** und weiß dadurch, dass der hl. Martin gestorben ist, den die Engel singend in den Himmel geleiten. 29f **Hochzeit eines jungen Edelmannes**. Es erscheint ihm aber ein Engel, er verlässt alles und geht als Einsiedler in die Wüste. 29g **Der Einsiedler** kommt als alter Mann zum Festmahl des Severin, mit dem er im Himmel vereint sein wird. 29h **Die Wundertaten des Severin**. 29i **Severin träumt**, dass er seine Heimatstadt Bordeaux in Frankreich besuchen soll. 29j **Wunderheilung durch Severin**, er erweckt einen Toten. 29k **Severins Ankunft in Bordeaux**. 29l **Severin stirbt in Bordeaux**. 29m **Severin wird durch Bischof Amandus in Bordeaux begraben**. 29n **Bordeaux ist von den Goten belagert**. Man stellt den Schrein mit den Gebeinen des hl. Severin öffentlich aus und durch die Fürbitte dieses Heiligen im Himmel wird Bordeaux gerettet.

29o **In Köln fehlt Regen**. Es hat (erstaunlicherweise!) seit drei Jahren nicht mehr geregnet. Bischof Evergislus, alle Geistlichen und die Bürger von Köln beten um Niederschlag. 29p **Ein Geistlicher träumt**, dass man den Leib des hl. Severin nach Köln holen müsse, und dann würde es regnen. 29q **Die Kölner ziehen nach Bordeaux** und bitten um die Gebeine des hl. Severin. Die Bürger von Bordeaux wollen sie nicht hergeben. 29r **Die Kölner erhalten doch den Schrein** mit den Gebeinen des Heiligen. 29s **Ankunft der Gebeine des hl. Severin in Köln**. Sie werden als Reliquien verehrt. 29t **Im Chor von St. Severin** wird der Schrein mit den Gebeinen des hl. Severin auf dem Altar verehrt.

30 **Himmelfahrt Mariens, 1887**, und 31 **Marienkrönung, 1887**. Die großen Rundbilder, die Theodor Winkel auf mittelalterlichen Malereiresten ausführte, sind umgeben von insgesamt acht Engeln, deren Posaunenköpfe in den Öffnungen der in der Wand vermauerten tönernen Schalltöpfe enden und die gerne als mittelalterliche »Verstärkeranlage« bezeichnet werden. 32 **Kreuzigung, 1758, wohl von Peter Joseph Schmitz**. Öl auf Leinwand. Der Stifter des Votivbildes, Johann Thomas Fabion (1698–1758), ist in der reichen Stiftsherrentracht mit weißem Chorhemd und Pelzkragen sowie Allongeperücke dargestellt. Der Gekreuzigte folgt dem Typus des sogenannten einsamen Kreuzes, wie ihn u. a. Geldorp Goltzius in seinem Bild darstellte, das seit 1650 im Senatssaal des Kölner Rathauses nachgewiesen ist.

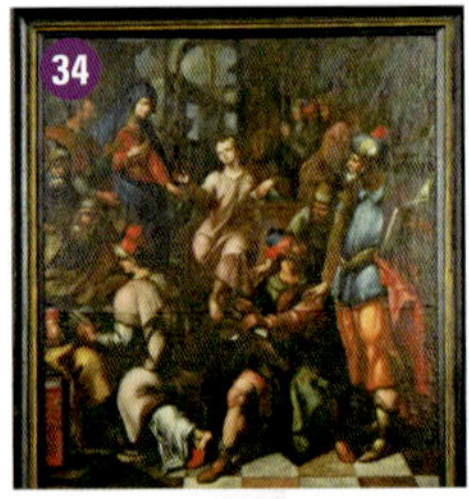

33 **Sakramentshaus, 1607**, mit Abendmahlsrelief (oben), zwei Putten mit dem Schweißtuch der Veronika (unten) und seitlichen Figuren von Severin mit Modell der Kirche und Cornelius mit Horn. Es wurde, wie in der lateinischen Inschrift zu lesen ist, gestiftet vom Stiftskämmerer Stephanus Piel (1568–1607). 34 **Jesus im Tempel, frühes 17. Jh.**, Öl auf Leinwand. Der mit den Schriftgelehrten debattierende Jesusknabe ist fast schwebend im Mittelpunkt, Maria und Josef sind links zu sehen. 35 **Hochaltar, 1237 geweiht**. Die Mensa von 1237 hat an der Stirnseite Mosaiken von Friedrich Wilhelm Mengelberg, 1890–92, von dem auch die Reliefs auf dem Altar stammen. Dahinter erhebt sich auf vier Säulen mit reichen Blattkapitellen des 13. Jh. der Severinsschrein, unter dem die Gläubigen durchschreiten können, um so der besonderen Ausstrahlung des Heiligen zuteil zu werden (vgl. St. Ursula Nr. 35 und St. Gereon Nr. 21). Die Hülle des Severinsschreines wurde 1819 erneuert, seine Nischenfiguren stammen von 1935. Das Original des 11. Jh. war 1795 eingeschmolzen worden.

36 **Wandschrank Thesaurarium, 1383**, von Jakob von Burtscheid gestiftet. Darin Torso eines Reliquienkreuzes, um 1040/50, gestiftet von Erzbischof Heriman II.; Bischofsstab des hl. Severin und Corneliushorn mit Silberfassung, 2. Hälfte 14. Jh.

37 **Reliquienschrank mit Reliquiaren**. Die beiden silbergefassten Reliquienbüsten der hl. Emerantia und der hl. Agnes entstanden um 1335–50, die Reliquienbehälter in Form kleiner maßwerkverzierter Kapellen werden ins 14. Jh. datiert und der Miniatur-Reliquienschrein ins 3. Viertel 19. Jh.

38 Tafelbilder, um 1500. Dargestellt sind (von links) die hll. Agathe, Cornelius, Stephanus und Helena vor einem Brokatvorhang, hinter dem die Gewölbe einer Kirche erscheinen. Die Tafeln sind namensgebend für den Notnamen des »Meisters von St. Severin«. **39 Vergoldete Kupferplatte** vom Epitaph des Jakob Chimarrhäus (vgl. Nr. 9), die aus Sicherheitsgründen im Chor aufbewahrt wird. Sie zeigt in 18 Medaillons die Szenen der Passion.

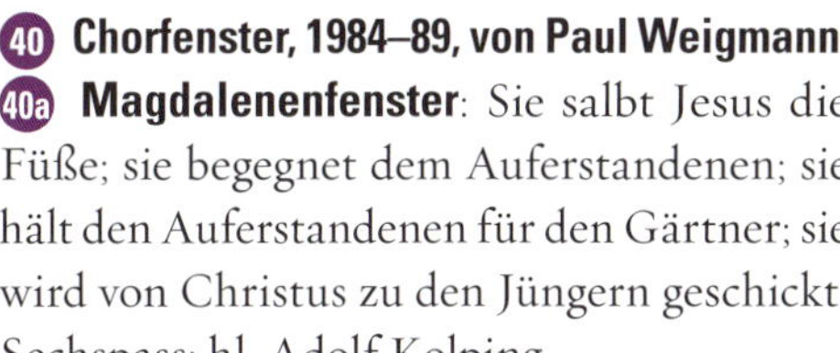

40 Chorfenster, 1984–89, von Paul Weigmann.
40a Magdalenenfenster: Sie salbt Jesus die Füße; sie begegnet dem Auferstandenen; sie hält den Auferstandenen für den Gärtner; sie wird von Christus zu den Jüngern geschickt. Sechspass: hl. Adolf Kolping.
40b Marienfenster: Krönung; Pietà; Geburt Jesu; Verkündigung. Sechspass: hl. Cornelius.
40c Christusfenster: thronender Salvator; Engel des Gerichts; Christi Auferstehung. Sechspass: hl. Severin, von Eduard Horst, um 1950.
40d Johannes Evangelist-Fenster: Er ist auf Patmos; er sitzt beim Abendmahl; er ist anwesend bei der Verklärung Jesu auf dem Berg Tabor; er wird berufen. Sechspass: hl. Cyprianus.
40e Brunofenster: Als Ministrant in St. Kunibert; als Lehrer an der Domschule zu Reims; Hugo von Grenoble ermöglicht die Gründung der Chartreuse; Papst Urban II. anerkennt den Kartäuserorden. Sechspass: hl. Edith Stein.

41 Gewölbemalerei, um 1250/60 Kreuzigung. Als Stifter ist der Kanoniker Theodoricus genannt und dargestellt.

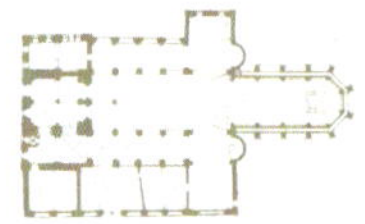

ST. URSULA

URSULAPLATZ 30

OBEN: RELIQUIAR DER HL. CORDULA AUS DER 2. HÄLFTE DES 19. JH.,
DAS EIN MODELL DER BAROCKEN TURMBEKRÖNUNG DER KIRCHE ZEIGT
RECHTS: AUSSENANSICHT VON SÜDOSTEN

MENSA MIT DREI RELIQUIENTRUHEN AUF TRIBÜNE
(ZEICHNUNG NACH GEORG DEHIO)

Baugeschichte

Diese ehemalige **Damenstiftskirche** gibt in exemplarischer Weise die Begeisterung der Kölner Bürgerschaft für Heilige in kaum vorstellbaren Zahlen wieder. Dabei spielt es überhaupt keine Rolle, auf welchem Schreibfehler die Summierung des **elftausendfachen Märtyrertodes** junger Mädchen basierte. Wie bei St. Gereon erfolgte die Benennung von Ursula als Anführerin erst Jahrhunderte später. Auch wenn sie historisch ebenso wenig nachweisbar ist wie Gereon, ihr Gefährte als Stadtpatron, so ist der wahre Kern auch dieser Legende, dass Menschen wegen ihres Glaubens ermordet wurden. Dies bezeugt nicht zuletzt die um 400 oder später entstandene **Clematiusinschrift** (vgl. Nr. 35), in der davon berichtet wird, dass ein römischer Senator wohl aus Kleinasien nach Köln kam, um die Kirche der Jungfrauen zu erneuern. Ausgrabungen konnten den Text dieser Inschrift insoweit bestätigen, als der Gründungsbau aus dem 4. Jh. stammt und spätestens in der ersten Hälfte des 5. Jh. erweitert wurde.

GOLDENE KAMMER, 17. JH.

Über alle späteren Baumaßnahmen und Neubauten hinweg blieb das Mittelschiff des ersten Baus bestimmend und auch die Clematiusinschrift hat alle Bauphasen überstanden. Eine weitere Inschrift mag der Legende von den Heiligen Jungfrauen zu ihrer Anführerin verholfen haben. Unter dem Kirchenboden fand man den Grabstein eines um 500 gestorbenen Mädchens mit dem in römischer Zeit keineswegs ungebräuchlichen Namen **Ursula**. Hier, nördlich außerhalb der Stadt, befand sich nämlich ein römischer Friedhof, der die materiellen Grundlagen ergab für die Legende von den 11.000 Jungfrauen, die unter der Leitung der englischen Königstochter Ursula das Martyrium durch die Hunnen erlitten hätten. Als dann im Zuge der **Stadterweiterung von 1106** beim Bau der Befestigungsanlagen die zahlreichen Gebeine dieses römischen Friedhofs zutage kamen, war ihre Interpretation als Reliquien, die zu dieser legendenhaften Überlieferung gehörten, fast selbstverständlich. Da natürlich auch zahlreiche männliche Knochen gefunden wurden, fand die Legende insoweit eine Ergänzung, als nun davon ausgegangen wurde, dass der englische König seiner Tochter Ursula und den 11.000 Jungfrauen auf ihrer Pilgerfahrt nach Rom ebenso viele männliche Beschützer mitgegeben hatte, die ebenfalls das Martyrium erlitten. Für den Ansturm der Wallfahrer nach den so zahlreichen Reliquienfunden war die alte Kirche, die **922 Sitz eines adeligen Damenstiftes** geworden war, trotz Erweiterungen im 10. und 11. Jh. natürlich nicht mehr ausreichend. Für die zunehmenden Wallfahrten wurde ein kompletter und wesentlich größerer Neubau vorgesehen. Die **1106–35** gebaute dreischiffige Pfeilerbasilika mit Emporen, östlichen Querarmen und einem turmgekrönten doppelgeschossigen Westbau hatte einen Langchor mit halbrunder Apsis, der **um 1280/90** durch eine gotische Chorhalle (mit elf Fenstern) für die **Reliquienschätze** ersetzt wurde. Dies waren in St. Ursula vor allem die in kostbaren Schreinen aufbewahrten Gebeine der legendären Ursula und ihres nicht minder legendären Bräutigams Ätherius sowie des hl. Hippolytus (seit 1953 wieder in Düsseldorf-Gerresheim), die auf Säulen erhöht in einem dreiteiligen Gehäuse auf einer Tribüne hinter dem Hochaltar standen (vgl. Abb. S. 196). Auf der erhalten gebliebenen Tribüne wurde von Ingrid Bussenius 2004 für die Schreine ein neues Schutzgehäuse geschaffen (vgl. Nr. 36). Zusätzlich sind Reliquien in den Chorwänden eingelassen, deren »Verschluss« einst vielleicht der Ursulazyklus von 1456 (vgl. Nr. 34) war. Die Doppelbüsten (vgl. Nr. 25) zeugen ebenfalls von diesem Reliquienreichtum, der schließlich in der »Goldenen Kammer« gipfelt (vgl. Nr. 3). **Ende des 13 Jh.** wurde das Marienschiff als zweites südliches Seitenschiff und als Zugang und Vorhalle für die Bürgerschaft und Pilger angebaut, von dessen Neuausstattung um 1500 die Figuren erhalten blieben (vgl. Nr. 12, 13, 14). **Anfang des 14. Jh.** hatte das Mittelschiff Gewölbe erhalten, die allerdings nach dem Zweiten Weltkrieg zugunsten der zutage gekommenen romanischen Wandgliederungen aufgegeben und durch eine flache Holztonne (1951) ersetzt wurden. Das **17. Jh.** hatte bereits das Erscheinungsbild des Mittelschiffes durch Herausnahme der Emporen in den Querhausarmen verändert. Die damals dort eingezogenen Netzgewölbe wurden ebenfalls nach 1945 nicht wiederhergestellt (vgl. Nr. 15, 33). Im 17. Jh. waren auch die östlichen Chorfenster zugemauert worden, um einen großen Barockaltar zu errichten, der Ende des 19. Jh. restlos beseitigt wurde. Nur das Ursulagrab (vgl. Nr. 32) und der barocke Ursulazyklus blieben erhalten (vgl. Nr. 22) sowie die wiederhergestellte Turmspitze mit der städtebaulich so signifikanten Krone der englischen Königs-

INNENANSICHT NACH OSTEN

tochter Ursula (vgl. S. 194/195). Die **Notkirche** war bis 1951 im Erdgeschoss des Westbaus eingerichtet. Architekt des Aufbaus war Karl Band, der 1959, d. h. noch vor dem Zweiten Vatikanischen Konzil (1962–65), auch den neuen Zelebrationsaltar an der Stelle schuf, wo im Mittelalter der Kreuzaltar stand. Von besonderer Bedeutung ist die erhaltene große **Westempore**, die von den westlich über dem Kreuzgang gelegenen Konventbauten zugänglich war und auf der die Stiftsdamen ihr Gestühl hatten. Dieser großartige gewölbte Raum öffnet sich zum Mittelschiff mit einer im 19. Jh. verstärkten Doppelarkade. In einer Nische der Westwand stand vielleicht der Äbtissinnenstuhl. 2005 wurde hier von Ingrid Bussenius die neue Schatzkammer eingerichtet (vgl. Nr. 38–46), nachdem die Südempore Standort der neuen Orgel wurde (2011, von der Fa. Andreas J. Schiegnitz aus Albsheim/Grünstadt in der Pfalz).

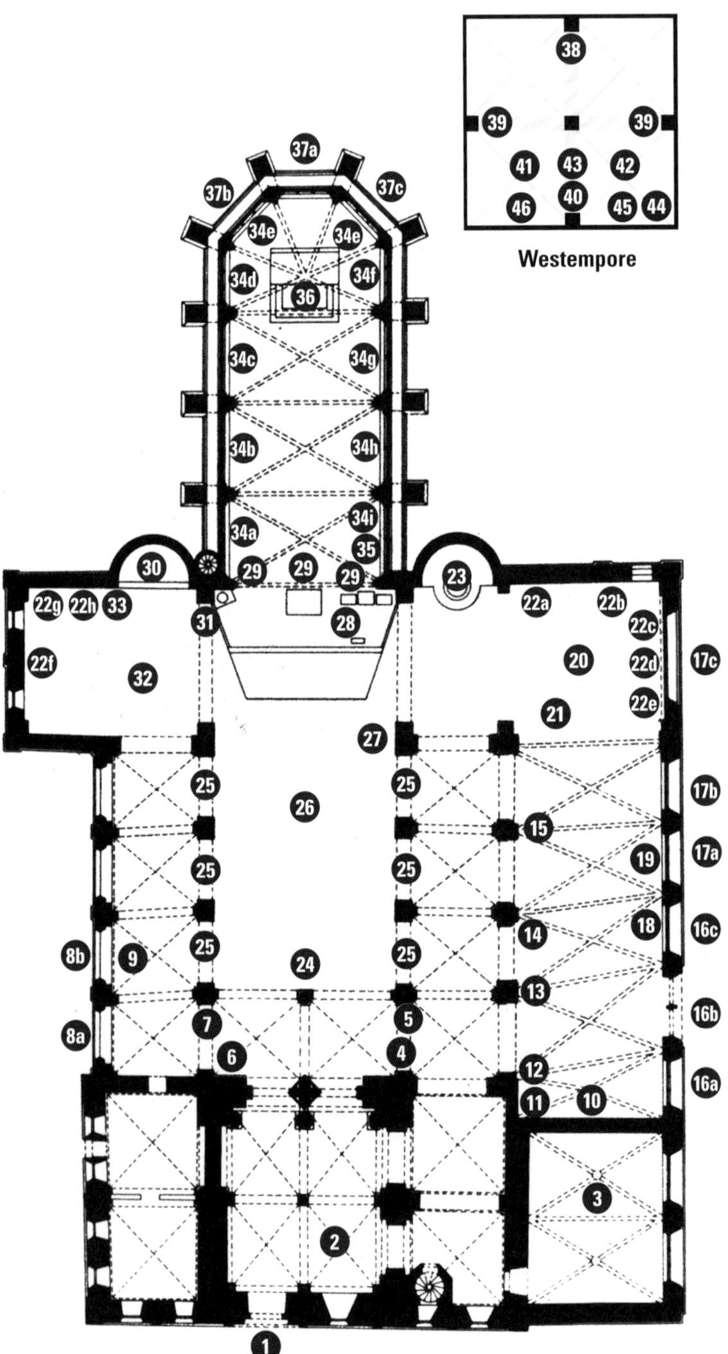
Westempore

1 Bronzeportal, 1959
2 Kreuzweg u. Gestühl, 19. Jh.
3 Goldene Kammer, 17. Jh.
4 Pietà, 1. H. 15. Jh.
5 Hl. Bischof, 14. Jh.
6 Hl. Antonius, 18. Jh.
7a Viventiasarkophag, 12. Jh.
7b Kreuztragung, 16. Jh.
8 Farbfenster, 1947/48
9 Beichtstuhl, 1894
10 Hl. Hippolytus, 1702
11 Christus, 15. Jh.
12 Madonna, um 1500
13 Salvator, um 1500
14 Hl. Ursula, um 1500
15 Schlussstein, 17. Jh.
16 Farbfenster, 1977/78
17 Farbfenster, 1967/68 u. 1982/83
18 Anbetung, 1565
19 Mosaiken, um 1899
20 Gedenkstätte, 2005
21 Adlerpult, 17. Jh.
22 Ursulazyklus, 17. Jh.
23 Tabernakel, 1937/38
24 Kaiser Heinrich II., um 1700
25 Reliquienbüsten, um 1500
26 Kugelkronleuchter, 16./17. Jh.
27 Madonna, um 1330
28 Sedilien, 1964
29 Triumphkreuzgruppe, 19. Jh. u. um 1500
30 Taufstein, 1850
31 Pfingstwunder, 17. Jh.
32 Ursulagrab, 1659 u. 15. Jh.
33 Engelskonsole, 17. Jh.
34 Großer Ursulazyklus von 1456
35 Clematiusinschrift, um 400 oder 8./9. Jh.
36 Altar u. Schreine, 12./13. Jh.
37 Farbfenster, 1891–94

Westempore:
38 Kreuzigung, 1572
39 Reliquienbüsten, 14. Jh.
40 Apostelzyklus, um 1224
41 Vitrine
42 Vitrine
43 Äbtissinenstab, um 1470/80
44 Wandvitrine
45 Wandvitrine
46 Wandvitrine

1 **Bronzeportal, 1959, von Theo Heiermann**, mit Szenen der Ursulalegende. 2 **Kreuzweg und Chorgestühl, Ende 19. Jh.** Das Bild der Maria von der Immerwährenden Hilfe vermutlich vom Maria-Hilf-Altar von 1899. 3 **Goldene Kammer, 17. Jh.** (vgl. Abb. S. 8 und 197). Dieser »begehbare Reliquienschrein« entstand 1643/44 am Westende des zweiten südlichen Seitenschiffes (Marienschiff) als Stiftung des kaiserlichen Rates Johann von Crane und seiner Frau Maria Verena zur angemessenen Aufbewahrung der zahlreichen Gebeine, die nach Formen sortiert zu verschiedenen Ornamenten und Inschriften an den oberen Wandflächen gruppiert sind. Den unteren Bereich schmücken geschnitzte vergoldete Wandschränke von 1683–87 mit den textilgefassten Reliquienschädeln sowie zahlreichen weiblichen und männlichen Reliquienbüsten aus dem 13. bis 17. Jh. 4 **Pietà , 1. Hälfte 15. Jh.**, Holzskulptur. 5 **Hl. Bischof, Mitte 14. Jh.**, Holzskulptur. 6 **Hl. Antonius, 18. Jh.** Die gefasste Holzskulptur zeigt den Heiligen aus Padua in der Mönchskutte und mit einem Buch in der Hand. 7a **Viventiasarkophag, Anfang 12. Jh.** Die seitlich an dem auf vier Säulen stehenden Kindersarg angebrachte Inschrift des 17. Jh. berichtet davon, dass hier Viventia, eine Tochter Pippins d. Ä., beigesetzt ist, nachdem ihr Leichnam zweimal aus dem Boden geworfen wurde, womit die Clematiusinschrift (vgl. Nr. 35) bestätigt wurde. Da Pippin sie aber unbedingt bei den hl. Jungfrauen bestattet wissen wollte, wählte er diese Form der oberirdischen Grablege. 7b **Kreuztragung, Anfang 16. Jh.** Direkt über dem Kindergrab ist das einst farbig gefasste Steinrelief einer figurenreichen Kreuztragung angebracht, die vor dem Hintergrund der Stadt Jerusalem (rechts) und

des Berges Golgatha (links) stattfindet. Jesus ist unter dem Kreuz zusammengebrochen. Veronika reicht ihm das Schweißtuch. Rechts stehen Maria und Johannes. Als kleinere Figuren knien links und rechts die (unbekannten) Stifter. 8a **Ölbergszene und** 8b **Geißelung, 1947/48, von Jaap Sombroeck**. Die Farbfenster nehmen inhaltlich Bezug auf die um 1881 geschaffenen Fenster, von denen in den anschließenden beiden Fächerfenstern vielleicht noch zwei zentrale Scheiben erhalten sind. Darunter auf einem Sarkophag das »Schiff der hl. Ursula«, ein Reliquiar, 1926 gestiftet von der Ursula-Bruderschaft. 9 **Beichtstuhl, 1894, der Gebrüder Bong**. 10 **Hl. Hippolytus, 1702**. Die Holzskulptur bekrönte hier die barocken Reliquienschränke, die im Zweiten Weltkrieg verbrannten. 11 **Christus in der Kelter, 15. Jh.**, Rest der Wandmalerei. 12 **Madonna, um 1500, Umkreis Meister Tilman**, Holzskulptur. 13 **Salvator, um 1500, Umkreis Meister Tilman**, Holzskulptur. 14 **Schutzmantelursula, um 1500, Umkreis Meister Tilman**, Holzskulptur. 15 **Schlussstein, 17. Jh.**, vom ehemaligen Gewölbe des südlichen Querhauses (vgl. Nr. 33). 16 **Farbfenster, 1977/78, von Hermann Gottfried**. 16a Verkündigung, darunter Erschaffung Evas. 16b Marienkrönung, darunter Vertreibung aus dem Paradies. 16c Pfingstwunder, darunter Apokalyptische Frau. 17a und 17b **Farbfenster, 1967/68, von Will Thonett**, für die 1960 hier eingerichtete Sakristei. 17c **Lebensbaum, Farbfenster, 1982/83, von Wilhelm Buschulte**. 18 **Anbetung des Jesuskindes, 1565, wohl von Joachim Beukelar**, Öl auf Holz. 19 **Propheten und Heilige, um 1899, von Johannes Osten**. Ausgeführt von der Fa. Peter Beyer haben sich die Mosaiken durch den Nachkriegseinbau der Sakristei erhalten.

8a

11

14

16c

19

20 Gedenkstätte, 2005, von Kister Scheithauer Gross. Dieses Mahnmal für Märtyrer und Glaubenszeugen des 20. Jh. wurde als Gegenstück zur Goldenen Kammer konzipiert und daher in dieser Dimension in das südliche Querhaus gestellt, wo es aber das schöne Fenster von Wilhelm Buschulte (vgl. Nr. 17c) verdeckt und auch dem hier aufgehängten Teil des barocken Ursulazyklus (vgl. Nr. 22) die Wirkung nimmt. Zusätzlich lädt es im rückwärtigen Teil zur Nutzung als Abstellfläche ein! Das Gabelkruzifix ist eine Holzskulptur der 2. Hälfte 14. Jh. **21 Adlerpult, 17. Jh.**, aus Bronze. Am Altar ein Löwe (um 1880 als Basis des Weihwasserbeckens in der Vorhalle) in jüngerer Zweitverwendung. **22 Ursulazyklus, 2. Hälfte 17. Jh., von J. Buns**. **22a Beladen der Schiffe und Abfahrt**. **22b Empfang beim Papst**. **22c Abschied von Rom oder Basel**. **22d Abfahrt von Basel oder Mainz**. **22e Empfang in Mainz?** **22f Empfang in Köln**. **22g Martyrium des Ätherius**. **22h Martyrium der Ursula**. **23 Tabernakel, 1937/38, von Hanns Rheindorf**. Das aus Silber gearbeitete Rundtabernakel zeigt Christus mit den Zwölf Aposteln und steht auf den Evangelistensymbolen. **24 Kaiser Heinrich II., um 1700**. Die Holzskulptur stammt aus der Pfarrkirche St. Maria Ablass, deren Modell der als heilig verehrte Kaiser trägt. Sie steht auf der Konsole, die einst den Altarerker der Empore trug. **25 Doppel-Reliquienbüsten, um 1500**, dem Meister Tilman zugeschrieben, blicken mit einem Gesicht ins Mittelschiff, mit

dem anderen in die Emporen (vgl. St. Cäcilien Nr. 41). 26 **Kugelkronleuchter, 16./17. Jh.**, aus Messing mit elf Armen und bekrönt von einer Marienfigur. 27 **Madonna, um 1330**, Steinskulptur. Die Farbfassung des 19. Jh. vor Kurzem entfernt. 28 **Sedilien, 1964, von Theo Heiermann**. Der Basilikastab (Tintinnabulum), 1977, von Fa. Polders. 29 **Triumphkreuzgruppe, 19. Jh. und um 1500**. Maria und Johannes am Triumphbogen flankieren das Kreuz mit einem Corpus des 19. Jh. aus St. Severin. Das ursprüngliche Kreuz von St. Ursula war im Zweiten Weltkrieg zerstört worden. 30 **Taufstein, 1850**, neugotisch, Deckel, 1986, von Theo Heiermann, mit sieben Rundbildern der Schöpfungsgeschichte sowie dem Auferstandenen. 31 **Pfingstwunder, Mitte 17. Jh.** Das Alabasterrelief könnte Teil eines Epitaphs gewesen sein. Den Silberrahmen schuf 1974 Bernhard Schoofs. 32 **Ursulagrab, 1659 und 1. Hälfte 15. Jh.** In das 1659 von Johann von Crane und seiner Frau Maria Verena gestiftete und von J. W. T. Lentz ausgeführte Grabmal aus schwarzem Marmor mit einer Liegefigur aus hellem Alabaster ist die gotische Tumba eingestellt, die seit der Öffnung der Seiten 1898 sichtbar ist. Zu Füßen von Ursula sitzt die Taube, die der Legende nach während einer Messe des Bischofs Kunibert (625–63) zu ihrem Grab flog, wie es das an der Nordwand aufgehängte Tafelbild der 1. Hälfte des 17. Jh. zeigt. 33 **Engelskonsole, 17. Jh.**, vom ehemaligen Gewölbe des nördlichen Querhauses (vgl. Nr. 15).

34 Großer Ursulazyklus, von 1456. Der insgesamt 30 Szenen umfassende Zyklus wurde 1456 von den Brüdern van Scheyven gestiftet, wie auf der letzten Tafel zu lesen ist. Er wurde im Umkreis der Werkstatt Stefan Lochners mit Öl auf Holz gemalt (vom sogenannten Kölnischen Meister von 1456) und erzählt die Lebens- und Leidensgeschichte der Heiligen in detailreichen Szenen. Vielleicht waren die länglichen Tafeln einst als Verschluss der darüber zu sehenden Reliquiennischen angebracht.

34/1 Gebet von König Maurus und seiner Frau Daria um ein Kind.

34/2 Geburt Ursulas.

34/3 Taufe Ursulas.

34/4 Ursula wird am Altar geweiht.

34/5 Ätherius' Vater entscheidet, dass er Ursula heiraten soll.

34/6 Eine Gesandtschaft dieses Königs fährt los.

34/7 König Maurus empfängt die Gesandten.

34/8 Die Gesandten richten ihre Botschaft aus.

34/9 Gebet der Ursula in ihrem Bett, über dem der Engel erscheint. Er weist Ursula an, mit 11.000 Jungfrauen nach Rom zu fahren sowie Ätherius zum Christentum zu bekehren.

34/10 Ursula erzählt ihren Eltern die himmlische Botschaft.

34/11 Abschied der Gesandten.

34/12 Sie melden dem Vater des Ätherius die Botschaft.

34/13 Ursula und ihr Vater begrüßen die 11.000 Jungfrauen.

34/14 Ursula und ihr Vater besuchen die Schiffsbauleute.

34/15 Übungsfahrt der Jungfrauen mit dem Schiff.

34/16 Ursulas Abschied von den Eltern.

34/17 Ankunft im holländischen Tiel, wohin der Sturm das Schiff trieb.

34/18 Ankunft in Köln, gegenüber sind der Zentralbau von St. Heribert und St. Urban in Deutz zu sehen. Rechts oben verkündet der Engel Ursula ihr Martyrium.

34/19 Ankunft in Basel.
34/20 Ankunft in Rom, wo Papst Cyriakus sie empfängt.
34/21 Taufe der Jungfrauen durch den Papst.
34/22 Rückkehr nach Basel in Begleitung des Papstes.
34/23 Ätherius kniet vor seinem Vater und bittet, Ursula abholen zu dürfen.
34/24 Abschied der Jungfrauen von Basel.
34/25 Ätherius in Mainz, wo er vom Erzbischof empfangen wird.
34/26 Ursulas Ankunft in Mainz, wo sie Ätherius begrüßt.
34/27 Ätherius wird im Mainzer Dom getauft, während Ursula schamhaft wegschaut.
34/28 Abschied von Mainz.
34/29 Ankunft in Köln, wo die Hunnen sind, deren Zelte am Ufer stehen.
34/30 Martyrium der 11.000 Jungfrauen. Ursula und Ätherius erleiden gemeinsam den Märtyrertod. Rechts die Beerdigung.

35 Clematiusinschrift, um 400 oder 8./9. Jh. Die Datierung dieser wichtigen Inschrift schwankt periodisch, entscheidend ist aber, dass sie über alle Baumaßnahmen der Jahrhunderte erhalten blieb und zuletzt in den um 1280/90 errichteten Chorneubau eingesetzt wurde. Sie bezeugt nicht nur die frühe Existenz der Legende um die Heiligen Jungfrauen, sondern gibt zusätzlich einen Einblick in das zeitlose und kaum zu übertreffende Kölner Selbstbewusstsein. Es steht dort nämlich, dass ausgerechnet aus dem Osten des Römischen Reiches der Senator Clematius »durch göttliche Flammenvisionen häufig ermahnt und durch die sehr große Kraft der Majestät des Martyriums der himmlischen Jungfrauen« nach Köln geholt wurde, um »auf eigene Kosten« ihre Kirche zu erneuern. Zusätzlich nennt diese Inschrift das Verbot, außer den Heiligen Jungfrauen jemanden in der Kirche zu bestatten (vgl. Nr. 7a).

36 Gotischer Altar, Ende 13. Jh., mit dahinter auf vier Säulen aufliegender Platte zur Aufstellung von Reliquienschreinen und der Möglichkeit für Gläubige, unter den Schreinen durchzugehen (vgl. St. Severin Nr. 35 und St. Gereon Nr. 21). Ursprünglich waren drei Schreine in dem seit dem Zweiten Weltkrieg verschollenen gotischen Gehäuse (vgl. Abb. S. 196) aufgestellt: Der Hippolytusschrein wurde 1953 nach Gerresheim gegeben, woher die Reliquien 922 nach St. Ursula gerettet worden waren. Für den Anfang des 19. Jh. seiner Figuren beraubten Ätheriusschrein von 1160/70 mit der markanten Halbtonne als Bedachung und den 1878–83 weitgehend neugeschaffenen Ursulaschrein schuf Ingrid Bussenius 2004 ein neues Schutzgehäuse. Zusätzlich zieren Reliquienbüsten den Altar sowie in dem niedrigen Steinretabel die Figürchen einer Schutzmantelursula und von zehn Jungfrauen, die Alexander Iven 1903 nach vorhandenen Umrissspuren fertigte. Zugehörig zur davor vorhandenen romanischen Altarausstattung war die um 1170 entstandene Goldene Tafel, die einst die Altarfront zierte (vgl. St. Cäcilien Nr. 36). Links hinter dem Altar steht das Reliquiar der hl. Cordula aus der 2. Hälfte 19. Jh., das ein Modell der barocken Turmbekrönung der Kirche zeigt (vgl. Abb. S. 194). **37 Farbfenster, 1891–94, von William Dixon**. Die westlich anschließenden Ornamentfenster, 1962/63, von Wilhelm Buschulte. **37a** Der thronende Christus mit Maria und Johannes. Darunter Schutzmantelursula, seitlich Szenen des Martyriums. **37b** und **37c** Apostel und Propheten.

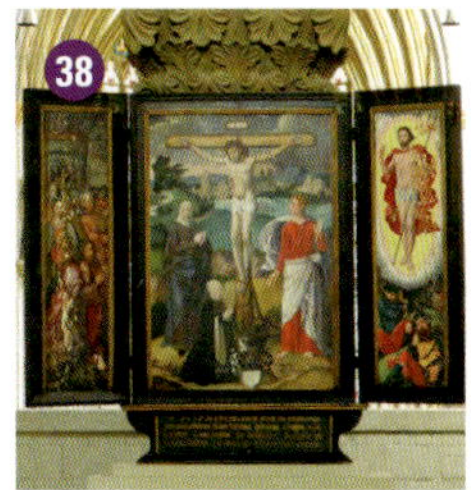

Westempore:

38 **Kreuzigung mit Stifterin, 1572, von einem Nachfolger Barthel Bruyns d. Ä.**, Triptychon, Öl auf Holz, mit Kreuztragung (links) und Himmelfahrt Christi (rechts). In der Predella Inschrift, die auf den Tod der Stifterin Äbtissin Justina Gräfin von Lupffen (1535–72) verweist. 39 **Reliquienbüsten, 14. Jh., aus Kölner Kirchen**. 40 **Apostelzyklus, um 1224**, auf zehn (ehemalig zwölf) Schiefertafeln, wohl von einer Chorschranke. Darunter Holzskulptur der Madonna, um 1400. 41 **Vitrine** mit u. a. einem antiken Krug aus Onyx, der zu den Kanaanäischen Krügen gezählt wird und 1370 vom Rat der Stadt Köln der Kirche ihrer Stadtpatronin Ursula übergeben wurde. 42 **Vitrine** mit u. a. einem Bergkristall-Löwen des 9. Jh., der eine Schachfigur war, ehe er dann, seiner Kostbarkeit wegen, zum Reliquienbehälter wurde, ebenso wie das mittelalterliche französische Minnekästchen aus Elfenbein. Die schöne Chormantelschließe entstand um 1515. 43 **Äbtissinenstab, um 1470/80**. Mit Darstellung von Maria und Ursula als Schutzmantelfiguren. 44 **Wandvitrine mit Handschrift, Anfang 16. Jh.** 45 **Wandvitrine mit Stoffen und Borten**. 46 **Wandvitrine mit drei Seidengeweben des 9. Jh.**, die bis 1871 als Umhüllung der Reliquien in den mittelalterlichen Reliquienschreinen (vor allem des Hippolytusschreines) dienten und aus Syrien, Byzanz und Westturkestan stammen.

Literaturhinweise

Abkürzungen:
CR = Colonia Romanica, Jahrbuch des Fördervereins Romanische Kirchen Köln e. V.
S-D = Stadtspuren – Denkmäler in Köln
KDK = Die Kunstdenkmäler der Stadt Köln (Die Kunstdenkmäler der Rheinprovinz hg. Paul Clemen): Die kirchlichen Denkmäler der Stadt Köln, Düsseldorf

Allgemeines

Clemens M. M. Bayer, Dominik M. Meiering, Martin Seidler, Martin Struck (Hrsg.), Schatzkunst in rheinischen Kirchen und Museen, Regensburg 2014.
Peter Bergthaler, Glasmalereien in Kölner Kirchen. Künstler und Werke 1945–2012, Mönchengladbach 2013.
Klaus Gereon Beuckers, Köln: Die Kirchen in gotischer Zeit (S-D 24), Köln 1998.
Ingrid Bussenius und Verena Ebel, Zur Gestaltung der Präsentationen von Schatzkunst, in: Clemens M. M. Bayer u. a., 2014, S. 81–96.
Sabine Czymmek, Die Kölner Romanischen Kirchen. Schatzkunst (CR 22–23), Köln 2007–2008.
Georg Dehio, Handbuch der Deutschen Kunstdenkmäler. NRW I, Rheinland, München/Berlin 2005.
Carl Dietmar und Werner Jung, Kleine illustrierte Geschichte der Stadt Köln, 10. Aufl. Köln 2009.
C. Dietmar und Marcus Trier, Colonia. Stadt der Franken, Köln 2011.
Thomas Fischer und Marcus Trier, Das römische Köln, Köln 2014.
Sybille Fraquelli, Zwölf Tore zum Himmel, Köln 2007.
S. Fraquelli, Die romanischen Kirchen im Historismus (CR 25–26), Köln 2010–2011.
Helmut Fußbroich, Christliche Kunst in Kölner Kirchen?, in: CR 3, 1988, S. 135–141. (dazu: Karl-Günter Peusquens u. Hermann Gottfried, in: CR 4, 1989, S. 183–185).
Albert Gerhards, Kunst der Gegenwart in der Kirche, in: CR 27, 2012, S. 93–100.
A. Gerhards, »Wo Euer Schatz ist, da ist Euer Herz«, in: Clemens M. M. Bayer u. a., S. 31–37.
Lucie Hagendorf-Nußbaum und Nadine Kutz, Die romanischen Kölner Pfarrkirchen (CR 28–29), Köln 2013–2014.
Friedhelm Hofmann, Wiedererstandene Romanische Kirchen in Köln und ihr theologisch-liturgischer Sinn (Großer Kunstführer 132), München – Zürich 1985, 2. Aufl. 1988.
Jürgen Kaiser, Die großen Romanischen Kirchen in Köln, Köln 2013.
H. Kier, Der mittelalterliche Schmuckfußboden (Die Kunstdenkmäler des Rheinlandes, Beiheft 14), Düsseldorf 1970.
H. Kier, Die großen romanischen Kirchen, Köln 1983 (6. Aufl. 1996).
H. Kier, Orgeln in den romanischen Altstadtkirchen Kölns. Eine denkmalpflegerische Überlegung, in: Fusa 8/9, 1982, S. 49–59.
H. Kier, Kölner Kirchen und ihre mittelalterliche Ausstattung, in: CR 10, 1995, S. 25–29.
H. Kier, Kirchen in Köln. Fotografien von Hans Georg Esch, Köln 2000.
H. Kier, Kleine Kunstgeschichte Kölns, München 2001.
H. Kier, Via Sacra, Köln 2003 (3. Aufl. 2005).
H. Kier, Köln (Reclams Städteführer), Stuttgart 2008 (2. Aufl. 2011).
H. Kier, Köln, die Kulturstadt, in: Annette Fimpeler (Hrsg.), Düsseldorf Köln, Köln 2012, S. 231–255.
H. Kier, Kölner Altstadtpfarrer und ihre im Krieg beschädigten Kirchen, in: CR 27, 2012, S. 139–141.
H. Kier und Ute Chibidziura, Romanische Kirchen in Köln und ihr historisches Umfeld. Fotografien von Hans Georg Esch. Köln 2004.
H. Kier und Ulrich Krings, Der Kranz der romanischen Kirchen in Köln, Köln 1980.
H. Kier u. U. Krings (Hrsg.), Köln: Die Romanischen Kirchen von den Anfängen bis zum Zweiten Weltkrieg (S-D 1), Köln 1984.
H. Kier u. U. Krings (Hrsg.), Köln: Die Romanischen Kirchen im Bild (S-D 3), Köln 1984.
H. Kier u. U. Krings, Die romanischen Kirchen in Köln, Köln 1985 (6. Aufl. 1997).
H. Kier u. U. Krings (Hrsg.), Köln: Die romanischen Kirchen in der Diskussion 1946/47 und 1985 (S-D 4), Köln 1986.
Kölner Kirchen und ihre mittelalterliche Ausstattung (CR 10/11), Köln 1995/96.
Kölner Kirchen und ihre Ausstattung in Renaissance und Barock (CR 16-20), Köln 2001–2005.
Clemens Kosch, Kölns Romanische Kirchen, Regensburg 2000 (2. Aufl. 2005).
U. Krings, Via Culturalis, Köln 2003.
U. Krings, Tauforte in Köln, in: U. Krings und Rainer Will (Hrsg.), Das Baptisterium am Dom. Kölns erster Taufort, Köln 2009, S. 53–89.
U. Krings, Johan Thorn Prikker (1868–1932) und die Glasmalerei des 20. Jahrhunderts, in: CR 27, 2012, S. 105–130.
U. Krings, Kritische Amerkungen zur Ausstellung der Ergebnisse des Workshops zur Gestaltung einer »Via Sacra«, in: Rheinische Heimatpflege, 50, 2013, S. 334–337.
U. Krings und Otmar Schwab, Köln. Die Romanischen Kirchen. Zerstörung und Wiederherstellung (S-D 2), Köln 2007.
Hans Erich Kubach und Albert Verbeek, Romanische Kirchen an Rhein und Maas (Jb. Rhein. Ver.), Neuss 1971.

H. E. Kubach u. A. Verbeek, Romanische Baukunst an Rhein und Maas, 4 Bde., Berlin 1976 und 1989.
Anton Legner (Hrsg.), Ornamenta Ecclesiae, Köln 1985.
A. Legner, Der Artifex, Köln 2009.
Christoph Machat, Der Wiederaufbau der Kölner Kirchen (LK Rhld. Arbeitsheft 40), Köln 1987.
Werner Meyer-Barkhausen, Das große Jahrhundert Kölnischer Kirchenbaukunst 1150–1250, Köln 1952.
Roswitha Neu-Kock, Der Bildhauer Karl Matthäus Winter, in: CR 1, 1986, S. 60–63.
Joachim Oepen, Wolfgang Rosen, und Georg Mölich (Hrsg.), Klosterkultur und Säkularisation im Rheinland, Essen 2002.
Wolfgang Pehnt, Umgekehrter Bildersturm (FAZ 28.11.1991), in: S-D 9/II, 1998, S. 448–450.
W. Pehnt, Rudolf Schwarz (1897–1961) und seine Zeitgenossen, Köln 2011.
Reclam Deutschland, Bd. III. NRW. Stuttgart 1982 (Kirchentexte Köln: Fried Mühlberg / Ulrich Krings).
Jochen Roessle, 25 Jahre Förderverein Romanische Kirchen Köln e. V., Köln 2006.
Romanik in Köln. Eine Anthologie, Köln 2001.
Franz Ronig, Theo Heiermann, Recklinghausen 1972.
Werner Schäfke (Hrsg.), Johann Peter Weyer, Kölner Alterthümer, 2 Bde., Köln 1993 und 1994.
W. Schäfke, Kölns Romanische Kirchen, Emons Köln 2004.
Silvia Schlegel, Mittelalterliche Taufgefäße (Sensus 3), Köln u. a. 2012.
Lothar Schreyer, Anton Wendling, Recklinghausen 1962.
Rudolf Schwarz, Das neue Köln, in: Stadt Köln (Hrsg.), Das Neue Köln, Köln 1950, S. 3–64.
Martin Seidler, Zur Präsenz von Schatzkunst in Kirchen des Erzbistums Köln, in: Clemens M. M. Bayer u. a., S. 49–68.
M. Seidler, Heiltumskammern im Erzbistum Köln, in: Clemens M. M. Bayer u. a., S. 71–79.
Martin Struck, Glasmalereien von Wilhelm Buschulte im Erzbistum Köln, in: Wilhelm Buschulte, Lindenberg 2014, S. 45–54.
Thesy Teplitzky, Geld Kunst Macht. Eine Kölner Familie zwischen Mittelalter und Renaissance, Köln 2012.
Horst Johannes Tümmers, Die Kölner Kirchen und die Malerfamilie Bruyn, in: CR 5, 1990, S. 8–22.
Anke Twachtmann-Schlichter, Matthias Goebbels, Diss. Münster 1992 (Stud. z. KG 89), Hildesheim / Zürich, New York 1994.
Albert Verbeek, Kölner Kirchen, Köln 1959 (3. Aufl. 1973 hg. G. Binding und S. Stolz).
Thomas Werner, Die Gliederungssysteme der frühstaufischen Chorfassaden im Rhein-Maas-Gebiet (Abt. Architekturgesch. Kunsthist. Inst. Uni Köln), Köln 2001.
Dethard von Winterfeld, Romanik am Rhein. Fotografien von Joachim Feist, Darmstadt 2001.
Gerta Wolff, Das römisch-germanische Köln, Köln 1981 (6. Aufl. 2005).

St. Andreas

Annette Brüggemann, Der Chor, in: CR 5, 1990, S. 55–63.
S. Czymmek, in: CR 22, 2007, S. 27–73.
Silke Eberhard, in: CR 16/17, 2001/2002, S. 79–96.
Claudia Euskirchen, in: Dehio, 2005, S. 595–603.
Heinz Firmenich, (Rhein. Kunstst. 141), 3. Aufl., Neuss 1978.
S. Fraquelli, in: CR 25, 2010, S. 33–63.
Marion Grams-Thieme, Der Makkabäerschrein, in: CR 5, 1990, S. 101–110.
L. Hagendorf-Nußbaum, (Kunstf. 2813), Regensburg 2013.
Horst Hahn, Die ... Wandmalereien, in: CR 5, 1990, S. 111–120.
Klaus Hardering, Das Chorgestühl, in: CR 5, 1990, S. 79–100.
Susanne Heydasch-Lehmann, Die Fenster im Chor, in: CR 5, 1990, S. 121–135.
Brigitte Kaelble, Zu den frühesten Kapitellen, in: CR 5, 1990, S. 69–78.
Barbara und Ulrich Kahle, in: H. Kier u. U. Krings (S-D 1), 1984, S. 154–182.
C. Kosch, in: CR 10, 1995, S. 41–62.
U. Krings, Die Krypta, in: CR 5, 1990, S. 64–68.
U. Krings u. O. Schwab, (S-D 2), 2007: S. 36–75 und Chronik auf CD.
Hugo Rahtgens, in: KDK 1/4, 1916, S. 20–93.
Christoph J. Wekenborg OP, Texte zu den Fenstern von Markus Lüpertz (2010).

St. Aposteln

S. Czymmek, in: CR 22, 2007, S. 75–122.
Bernd Ernsting, Die Bildfenster der Josef-Könn-Aula, in: CR 2, 1987, S. 33–36.
C. Euskirchen, in: Dehio, 2005, S. 604–613.
Wilhelm Ewald, in: KDK 1/4, 1916, S. 102–162.
S. Fraquelli, in: CR 25, 2010, S. 65–120.
Helmut Fußbroich, Christliche Kunst in Kölner Kirchen?, in: CR 3, 1988, S. 135–141 (dazu: K.-G. Peusquens u. H. Gottfried, in: CR 4, 1989, S. 183–185).
L. Hagendorf-Nußbaum, in: CR 28, 2013, S. 60–74.
Jürgen Kaiser, in: CR 16/17, 2001/2002, S. 104–118.
J. Kaiser, (Kunstf. 744), 10. Aufl. Regensburg 2011.
Ute Kaltwasser, Die Neugestaltung des Marienaltars, in: CR 3, 1988, S. 144–145.
U. Krings u. O. Schwab, (S-D 2), 2007: S. 76–125 und Chronik auf CD.
Norbert Nußbaum, (Rhein. Kunstst. 50), Neuss 1995.

W. Schäfke, in: H. Kier u. U. Krings (S-D 1), 1984, S. 194–208.
Gottfried Stracke, in: H. Kier u. U. Krings (S-D 1), Köln 1984, S. 194–208.
G. Stracke, Köln: St. Aposteln (S-D 19), Köln 1992.
G. Stracke, in: CR 10, 1995, S. 70–93.

Diskussion zur Ausmalung von Hermann Gottfried:

K.-G. Peusquens, in: CR 3, 1988, S. 148–150.
Christoph Machat, in: Denkmalpflege im Rheinland, 6/4, 1989, S. 14–18, und in: S-D 9/II, 1998, S. 428–431.
K.-G. Peusquens, Basilika St. Aposteln in Köln: Die Gemälde in der Dreikonchenanlage (Pfarrgemeinde St. Aposteln) o. J. (1994).
Werner Strodthoff, in: Rhein. Heimatpfl. 27, 1990, S. 216, und in: S-D, 9/II, 1998, S. 440–441.
Josef Rüenauver, in: Das Münster 43, 1990, S. 10, und in: S-D 9/II, 1998, S. 436/437.
Ludwig Schöller, in: CR 9, 1994, S. 167–170.
G. Stracke, in: Achim Hubel und Hermann Wirth (Hrsg.), Wiederaufgebaute und neugebaute Architektur der 1950er Jahre, Weimar 1997, S. 118–125.
U. Krings, in: S-D 9/II, 1998, S. 454–456.
H. Kier, in: Iris Nestler (Hrsg.), Hermann Gottfried, Linnich 2004, S. 31–37.

St. Cäcilien

Ulrike Bergmann, Die Holzskulpturen des Mittelalters im Schnütgenmuseum 1, Köln 1989.
Ulrich Bock, in: CR 10, 1995, S. 121–132.
S. Czymmek, in: CR 22, 2007, S. 123–128.
S. Eberhardt, Bildwerke von 1600 – 1800 (Meisterwerke im Schnütgen-Museum Köln), Köln 1996.
C. Euskirchen, in: Dehio, 2005, S. 616–618.
S. Fraquelli, in: CR 25, 2010, S. 121–149.
Walter Geis, Die Bauplastik an der Westfassade, in: CR 8, 1993, S. 113–122.
Reinhard Karrenbrock, Holzskulpturen des Mittelalters im Mus. Schnütgen 2/1, Köln 2001.
U. Krings, in: H. Kier u. U. Krings (S-D 1), 1984, S. 235–255.
U. Krings u. O. Schwab (S-D 2), 2007: S. 120–143.
A. Legner, Rheinische Kunst und das Kölner Schnütgen-Museum, Köln 1991.
Friedrich Lindenthal, Die Malereien am nördlichen Obergaden, in: Jb. rhein. Denkmalpfl. 29, 1983, S. 279–280.
Brigitte Lymant, Die Glasmalereien des Schnütgen-Museums, Köln 1982.
Marion Opitz, in: CR 16/17, 2001/2002, S. 163–173.
H. Rahtgens, in: KDK 1/4, 1916, S. 163–193.
Das Schnütgen-Museum. Eine Auswahl, 4. Aufl. 1968.
Gudrun Sporbeck, Textile Kunst (Meisterwerke im Schnütgen-Museum), Köln 1996.
Dagmar R. Täube, Glasmalerei (Meisterwerke im Schnütgen-Museum), Köln 1998.
Hiltrud Westermann-Angerhausen, Die Heiligen Drei Könige (Meisterwerke im Schnütgen-Museum), Köln 1996.
H. Westermann-Angerhausen und Manuela Beer, Das Mittelalter in 111 Meisterwerken aus dem Museum Schnütgen, Köln 2003.
H. Westermann-Angerhausen und Guido Schlimbach, Köln: St Cäcilien – Museum Schnütgen und St Peter (Kunstf. 2561), Regensburg 2005.
Annette Willberg, Goldschmiedekunst des Mittelalters (Meisterwerke im Schnütgen-Museum), Köln 1998.
Moritz Woelk und Manuela Beer (Hrsg.), Museum Schnütgen. Handbuch zur Sammlung, München 2018

St. Georg

Christoph Bellot, in: Dehio, 2005, S. 618–623.
Karl Boskamp, Der Garten der Besinnung und des Friedens an St. Georg, Köln o. J. (1980).
S. Czymmek, in: CR 22, 2007, S. 129–160.
Peter Daners und Volker Ohl, in: CR 10, 1995, S. 145–154.
B. Ernsting, Johan Thorn Prikker: Das Madonnenmosaik, in: CR 3, 1988, S. 128–134.
W. Ewald, in: KDK 1/4, 1916, S. 326–373.
H. Firmenich, (Rhein. Kunstst. 55), Neuss 6. Aufl. 1984.
S. Fraquelli, in: CR 25, 2010, S. 150–172.
Christiane Heiser, Johan Thorn Prikker (1868–1932),in: Johan Thorn Prikker, Rotterdam u. Düsseldorf 2010/11, S. 8–39.
B. u. U. Kahle, St. Georg und Clemens Holzmeister, in: H. Kier u. U. Krings (S-D 4) 1986, S. 229–236.
Dedo von Kerssenbrock-Krosigk, in: Johan Thorn Prikker, Rotterdam u. Düsseldorf 2010/11, S. 232–242.
H. Kier und Hermann-Josef Reuther (Kunstf. 2573), Regensburg 2005.
U. Krings, Johan Thorn Prikker, in: CR 27, 2012, S. 105–130.
U. Krings u. O. Schwab (S-D 2), 2007: S. 144–185 und Chronik auf CD.
Hanna Peter-Raupp und Hans Joachim Raupp, in: CR 16/17, 2001/2002, S. 253–263.
A. Verbeek, in: H. Kier u. U. Krings (S-D1), Köln 1984, S. 256–277.

St. Gereon

Anne Behrend-Krebs, Die ottonischen und romanischen Wandmalereien in St. Gereon, St. Maria im Kapitol und St. Pantaleon in Köln, Münster 1994.
C. Bellot, in: Dehio, 2005, S. 623–632.
C. Bellot, in: CR 18/19, 2003/2004, S. 33–103.

S. Czymmek, in: CR 22, 2007, S. 161–227.
S. Fraquelli, in: CR 25, 2010, S. 173–218.
H. Fußbroich, Die künstlerische Verglasung, in: CR 4. 1989, S. 121–141.
Jürgen Hohmann, Die Fragmente der mittelalterlichen Ausmalung in: Jb. Rhein. Denkmalpfl. 29, 1983, S. 263–270.
Rolf Jessewitsch, Georg Meistermann, in: Rhein. Heimatpfl. 46, 2009, S. 81–94.
H. Kier, Schmuckfußboden, 1970, S. 109–117.
U. Krings u. O. Schwab (S-D 2), 2007: S. 186–287 und Chronik auf CD
Martina Langel, Basilika St. Gereon, Remagen 2003.
Georg Mörsch, Muß der Innenraum von St. Gereon farbig(er) werden?, in: H. Kier u. U. Krings (S-D 4), 1986, S. 290–292.
Wilhelm Nyssen, Sanctos Aureos, in: Fusa 8/9, 1982, S. 21–33.
Andreas Odenthal und Albert Gerhards (Hrsg.), Märtyrergrab, Kirchenraum, Gottesdienst (Studien zur Kölner Kirchengeschichte 35), Siegburg 2005.
Joachim M. Plotzek, Fresken in St. Gereon, in: A. Legner (Hrsg.), Rhein und Maas, Köln 1972/1973, Bd. 2, S. 297–304.
J. M. Plotzek, Fragment einer Wandmalerei, in: A. Legner (Hrsg.), Ornamenta Ecclesiae, Köln 1985, Bd. 2, S. 234–235.
H. Rahtgens, in: KDK 2/1, 1911, S. 1–102.
J. Roessle, in: CR 10, 1995, S. 155–172.
W. Schäfke, in: H. Kier u. U. Krings (S-D 1), 1984, S. 278–295.
W. Schäfke, (Rhein. Kunstst. 300), Neuss 1984.
O. Schwab, St. Gereon in Köln (Diss. RWTH Aachen 2001), in: Kölner Jb. 35, 2002, S. 7–205.
Anna Skriver, Die Taufkapelle von St. Gereon, Köln 2001.
Ute Verstegen, St. Gereon (Diss. Köln 1998), Köln 2003.
Myriam Wierschowski, (Meistermann-Fenster), in: CR 27, 2012, S. 40–53.
Andrea Worm, Reform und Neubeginn. Die Wandmalereien von St. Gereon in Köln als Monumentum Annonis?, in: K.G. Beuckers und A. Pawlik (Hrsg.), Das Jüngere Evangeliar aus St. Georg in Köln, Wien, Köln, Weimar 2019, S. 179-207

St. Kunibert

C. Bellot, in: Dehio, 2005, S. 637–642.
U. Bergmann, Die gotischen Reliquienbüsten, in: CR 7, 1992, S. 131–146.
Ulrike Brinkmann, Die mittelalterlichen Glasmalereien, in: CR, 7, 1992, S. 147–158.
S. Czymmek, in: CR 22, 2007, S. 229–285.
W. Ewald, in: KDK 1/4 , 1916, S. 231–313.
S. Fraquelli, in: CR 25, 2010, S. 219–268.
L. Hagendorf-Nußbaum, in: CR 28, 2013, S. 199–214.
Barbara Jacoby, Mittelalterliche Wandmalereien, in: CR, 7, 1992, S. 159–174.
Hans Kisky, (Rhein. Kunstst. 58), Neuss 1956.
Holger Kempkens, Meister Tilman und der Schnitzaltar von St. Kunibert, in: Wallraf-Richartz-Jahrbuch 58, 1997, S. 31–72.
H. Kempkens, in: CR 18/19, 2003/2004, S. 299–341.
U. Krings u. O. Schwab (S-D 2), 2007: S. 288–349 und Chronik auf CD.
Christoph Machat, in: H. Kier u. U. Krings (S-D 1), 1984, S. 306–330.
C. Machat, (Rhein. Kunstst. 58), Köln 1985.
Birgit Rosendahl, in: CR 10, 1995, S. 288–300.

St. Maria im Kapitol

A. Behrend-Krebs, Die ottonischen und romanischen Wandmalereien in St. Gereon, St. Maria im Kapitol und St. Pantaleon in Köln, Münster 1994.
U. Bergmann, Die gotische Grabplatte der Plektrudis, in: CR, 3, 1988, S. 77–88.
S. Czymmek, Schattenrisse – Zur barocken Ausstattung, in: CR 3, 1988, S. 99–111.
S. Czymmek, St. Maria im Kapitol, in: CR 23, 2008, S. 9–59.
S. Eberhard, Der ehemalige barocke Hochaltar, in: CR 15, 2000, S. 127–136.
C. Euskirchen, in: Dehio, 2005, S. 655-667.
S. Fraquelli, in: CR 25, 2010, S. 269–317.
L. Hagendorf-Nußbaum, in: CR 20, 2005, S. 114–174.
L. Hagendorf-Nußbaum, (Kunstf. 2830), Regensburg 2014.
Horst Hahn, Zur Restaurierung der spätbarocken Malereifragmente, in: CR 15, 2000, S. 137–142.
Hans Peter Hilger, St. Maria im Kapitol zu Köln (Rhein. Kunstst. 59), Neuss 1985.
Godehard Hoffmann, Der Crucifixus dolorosus in: CR 15, 2000, S. 9–82.
Kolloquium zu Ehren von Prälat Dr. Johannes Westhoff, in: CR 24, 2007, mit Beiträgen von H. Kier und N. Nußbaum, S. Schütte, M. Gechter, K. G. Beuckers, U. Knapp, A. Hartmann-Virnich, O. Schwab, U. Heckner und C. Schaab, B. Kaelble, M. Seidler, G. Maul, C. Schulmeyer, S. Ruf, J. Oepen, K. W. Niemöller, K. Bund, K. Wolf, T. Teplitzky u. a.
U. Krings, in: H. Kier u. U. Krings (S-D 1), 1984, S. 345–380.
U. Krings u. O. Schwab (S-D 2), 2007: S. 350–457 und Chronik auf CD.
B. Lymant, Das Heller-Fenster, in: CR 3, 1988, S. 89–95.
Udo Mainzer, Besaß der staufische Chor Flankentürme?, in: Denkmalpfl. im Rhld. 26, 2009, S. 145–149.
Peter Mirgartz, Die spätgotische Skulptur des hl. Christophorus, in: CR 8, 1993, S. 127–128.

Fried Mühlberg, St. Marien im Kapitol zu Köln. Sonderveröffentlichung des Fördervereins Romanische Kirchen Köln e. V., Köln o. J. (2006).
Gisela Mülhens-Matthes, Zur Rückversetzung des Lettners, in: H. Kier u. U. Krings (S-D 4), 1986, S. 239–259.
Ute Pitsch, Die Farbfassung der Bildertür. Eine Dokumentation von 1944, in: CR 15, 2000, S. 97–108 und 176.
H. Rahtgens, in: KDK 2/1, 1911, S. 177–276.
Christa Schulze-Senger, Die romanischen Bildtüren, in: CR 3, 1988, S. 47–50.
Peter Springer, Kontinuität des Unvergleichlichen. Drei Beflurungskonzepte, in: CR 3, Köln 1988, S. 112–122.
Wolfgang Stracke, Die Türflügel, in: CR 3, 1988, S. 31–46.
W. Stracke, Die Thronende Madonna, in: CR 3, 1988, S. 68–76.
W. Stracke, Untersuchungen zur frühen Ausstattung von St. Maria im Kapitol, Diss. Bonn 1989.
W. Stracke, Die romanische Bildertür, Köln 1994.
W. Stracke, in: CR 11, 1996, S. 79–103.
Johannes Westhoff, Zum Neubau der Orgel, in: CR 7, 1992, S. 201.
Brigitte Wolff-Wintrich, Kreuzigungsfenster in St. Maria im Kapitol, in St. Severin und im Kölner Dom, in: CR 15, 2000, S. 115–125.

St. Maria Lyskirchen

S. Czymmek, in: CR 23, 2008, S. 61–101.
C. Euskirchen, in: Dehio, 2005, S. 668–672.
S. Fraquelli, in: CR 25, 2010, S. 319–349.
H. Fußbroich, (Rhein. Kunstst. 60), 6. Aufl. Neuss 1992.
Fritz Goldkuhle, Mittelalterliche Wandmalerei in St. Maria Lyskirchen (Bonner Beiträge zur Kunstwissenschaft, Bd. 3), Düsseldorf 1954.
F. Goldkuhle, (Rhein. Kunststätten 60), 3. Aufl. Neuss 1978.
L. Hagendorf-Nußbaum, in: CR 29, 2014, S. 53–83.
U. Krings u. O. Schwab, (S-D 2), 2007: S. 458–493 und Chronik auf CD.
Ralf Krombholz, (S-D 18), Köln 1992.
W. Nyssen, Verborgenes Licht, Köln 1985.
M. Opitz, in: CR 20, 2005, S. 175–190.
H. Rahtgens, in: KDK 2/1, 1911, S. 286–314.
Matthias Schnegg (u. Benjamin Marx), Faltblatt 2013 sowie www.st.maria in lyskirchen.de.
Uwe Westfehling, in: H. Kier u. U. Krings (S-D 1), 1984, S. 392–409.
U. Westfehling, St. Maria Lyskirchen, in: CR 11, 1996, S. 104–116.

Groß St. Martin

Dorothee Boesler, in: CR 20, 2005, S. 215–240.
S. Czymmek, Der Heiligkreuzaltar des Kölner Bürgermeisters Johann von Aich, in: CR 1, 1986, S. 64–72.
S. Czymmek, in: CR 23, 2008, S. 103–126.
C. Euskirchen, in: Dehio, 2005, S. 675–682.
S. Fraquelli, in: CR 26, 2011, S. 8–54.
H. Fußbroich, Christliche Kunst in Kölner Kirchen?, in: CR 3, 1988, S. 135–141 (dazu: K.-G. Peusquens u. H. Gottfried, in: CR 4, 1989, S. 183–185).
H. Fußbroich, (Rhein. Kunstst. 301), Neuaufl. Köln 2012.
H. Kier, Was ist Wahrheit im Denkmalschutz?, in: Der Architekt 5, 1996, S. 314–318.
C. Kosch, in: CR 11, 1996, S. 131–142.
U. Krings u. O. Schwab (S-D 2), 2007: S. 494–553 und Chronik auf CD.
Rolf Lauer, in: H. Kier u. U. Krings (S-D 1), 1984, S. 410–446.
Roswitha Neu-Kock, Moderne Bildwerke in Groß St. Martin. Der Bildhauer Karl Matthäus Winter, in: CR 1, 1986, S. 60–63.
H. Rahtgens, in: KDK 2/1, 1911, S. 340–387.
Joachim Schürmann, Dazutun zur rechten Zeit, in: Der Architekt 5, 1996, S. 320–323.

St. Pantaleon

A. Behrend-Krebs, Die ottonischen und romanischen Wandmalereien in St. Gereon, St. Maria im Kapitol und St. Pantaleon in Köln, Münster 1994.
Karl Heinz Bergmann, (Rhein. Kunstst. 146), 3. Aufl. Neuss 1982.
Günther Binding, Die Datierung der Kölner spätottonischen Skulpturen, in: Wallraf-Richartz-Jahrbbuch, LXXVII, 2011, S. 89–122.
Nicole Buchmann, in: CR 11, 1996, S. 163–180.
S. Czymmek, in: CR 23, 2008, S. 127–176.
C. Euskirchen, in: Dehio, 2005, S. 684–694.
Anton von Euw und Peter Schreiner (Hrsg.), Kaiserin Theophanu, Köln 1991.
S. Fraquelli, in: CR 26, 2011, S. 55–81.
H. Fußbroich, in: H. Kier u. U. Krings (S-D1), 1984, S. 447–473.
Walter Geis, Der Lettner, in: CR 6, 1991, S. 80–100.
Susanne Heydasch-Lehmann, Die künstlerische Verglasung, in: CR 6, 1991, S. 69–79.
Volker Hildebrandt, Wiederherstellung des barocken Reliquienumganges, in: Clemens M. M. Bayer u. a., 2014, S. 99–109.
B. Kaelble, Drei Fragmente eines Festbildzyklus, in: CR 21, 2006, S. 189–204.
Kolloquium zur Geschichte, Baugeschichte und Ausstattung, in: CR 21, 2006, mit Beiträgen von F. Mühlberg, H. Kier, R. Schieffer, M. Gechter, S. Schütte, D. Hochkirchen, B. Kaelble, I. Seekamp, K. Wolf, G. Maul u. a.
U. Krings u. O. Schwab (S-D 2), 2007: S. 554–609 und Chronik auf CD.
R. Neu-Kock, Der Wettbewerb zur Langhausdecke, in: CR 1, 1986, S. 107–113.

R. Neu-Kock, (neue Fenster im Westwerk), in: CR 2, 1987, S. 81–83.
H. Rahtgens, in: KDK, 1929, S. 42–164
Barbara Rinn, in: CR 20, 2005, S. 280–320.
Sebastian Ristow, Die Ausgrabungen (Zs. für Archäologie des Mittelalters, Beiheft 21), Bonn 2009 (Bespr. von Günher Bindung, in: Jb. köln. Geschichtsver. 2009/10, S. 192–196).
Matthias Untermann, Die ottonischen Skulpturenfragmente, in: Jb. köln. Geschichtsver. 48, 1977, S. 279–290.
Aktuell: Conolia Romanica 33, 2019 mit Beiträgen von J. Oepen, B. Falk, A. Pawlik, A. Odenthal, F. Knopp, M. Lüpnitz, m. Streuff

St. Severin

Aktuell: Colonia Romanica 33, 2019 mit Beiträgen von J. Oepen, B. Falk, A. Pawlik, A. Odenthal, F. Knopp, M. Lüpnitz, M. Streuff
Werner Beutler, Der Brunozyklus, (Kunstf. 2083), Regensburg 1993.
S. Czymmek, in: CR 23, 2008, S. 177–223.
C. Euskirchen, in: Dehio, 2005, S. 698–708.
S. Fraquelli, in: CR 26, 2011, S. 82–130.
L. Hagendorf-Nußbaum, in: CR 20, 2005, S. 349–404.
L. Hagendorf-Nußbaum, in: CR 29, 2014, S. 201–214.
H. Kier, Das Labyrinth, in: Beiträge zur Rhein. Kunstgesch. u. Denkmalpfl., Beiheft 16, Düsseldorf 1970, S. 123–128.
U. Krings u. O. Schwab (S-D 2), Köln 2007: S. 610–659.
Günter Leitner, Die neuen Chorfenster, in: CR 2, 1987, S. 75–79.
Ursula Mende, Der Löwenkopf-Türzieher, in: CR 6, 1991, S. 146–154.
Joachim Oepen, »Der heilige Severin von Köln«, in: Geschichte in Köln 51, 2004, S. 169–172.
J. Oepen, Bernd Päffgen, Sabine Schrenk u. a. (Hrsg.), Der hl. Severin von Köln. Verehrung und Legende. Befunde und Forschungen zur Schreinsöffnung von 1999 (Studien zur Kölner Kirchengeschichte 40), Siegburg 2011.
Hermann Roth, in: KDK 1929, S. 214–329.
Christoph Schaden, Zur Neuaustattung der entleerten Pfarrkirche St. Severin 1803–1828, in: H. Kier und Frank Günther Zehnder (Hrsg.), Lust und Verlust. Kölner Sammler zwischen Trikolore und Preußenadler. Ausstellungskatalog Köln 1995, S. 113–120.
C. Schaden, in: CR 11, 1996, S. 197–205.
C. Schaden, (Kunstf. 2623), Regensburg 2006.
T. Teplitzky, Zum Triptychon des älteren Bartholomäus Bruyn , in: CR 12, 1997, S. 103–110.
Regina Urbanek, Crucifixus dolorosus aus St. Severin, in: CR 15, 2000, S. 174–176.
Gerta Wolff, in: H. Kier u. U. Krings (S-D 1), 1984, S. 474–517.
B. Wolff-Wintrich, Kreuzigungsfenster in St. Maria im Kapitol, in St. Severin und im Kölner Dom, in: CR 15, 2000, S. 115–125.

St. Ursula

U. Bergmann, Die Goldene Kammer, in: CR 11, 1996, S. 225–231.
S. Czymmek, in: CR 23, 2008, S. 225–289.
C. Euskirchen, in: Dehio, 2005, S. 710–719.
H. Firmenich, (Rhein. Kunstst. 128), 4. Aufl. Neuss 1984.
S. Fraquelli, in: CR 26, 2011, S. 131–176.
S. Fraquelli, (Kunstf. 2749), Regensburg 2010.
H. Fußbroich, (Rhein. Kunstst 128), 5. Aufl. 1991.
Hermann-Josef Herkenrath, Neue Deckelhaube auf dem Taufbecken, in: CR 2, 1987, S. 87.
U. Krings, Denkmalpflege-Arbeiten im Jahrzehnt 1994–2004, in: CR 21, 2006, S. 243–244.
U. Krings u. O. Schwab (S-D 2), 2007: S. 660–701 und Chronik auf CD.
Karen Künstler, in: H. Kier u. U. Krings (S-D 1), 1984, S. 518–545.
Karen Künstler-Brandstädter, in: CR 11, 1996, S. 208–224.
M. Opitz, in: CR 20, 2005, S. 408–434.
H. Rahtgens, in: KDK 2/3, 1934, S. 1–105.
Ruth Schmitz-Ehmke und Gerd Bauer, Die Schiefertafeln, in: Jb. Rhein. Denkmalpfl. 29, 1983, S. 227–261.
M. Seidler, Goldene Kammer, Heiltümer und Kirchenschatz (Kunstf. 2750), Regensburg 2011.
R. Urbanek, Die Goldene Kammer, Diss. Bonn 2007.

Abbildungsnachweis

Thomas Böhne: S. 23
Hans Georg Esch: Titelbild und S. 107, 112 (25), 113 (27), 123, 152, 155, 161 (17), 163, 171 (9), 181, 195
Peter Fuchs: Köln – Wesen, Werden, Wirken, Köln 1968, S. 18
Celia Körber-Leupold: S. 26, 27, 28, 29, 31, 34 (6,7,8), 35 (16), 36 (22, 24), 37 (32), 40 (53, 56), 41 (48), 43, 46, 47, 50 (3), 51 (13), 52 (17a-c), 53 (17d, 17e, 17n), 54 (18,19), 55 (27, 29, 33), 56 (38), 57 (43, 48, 49, 50, 51), 59 unten, 62, 63 unten, 66 (3), 67 (6), 69 (21), 72 (38), 73 (39, 40, 41, 42), 75, 77, 82 (1, 1b, 1d, 3, 4), 83 (5,7), 84 (11, 12, 13,14, 15), 85 (16, 18, 20a,20i), 87, 86, 88, 90 rechts, 94 (3, 6), 95 (7,8,9, 10a), 97 (15, 16, 18, 22), 98 (24, 29), 99 (33, 34), 100 (38, 39), 101 (40, 41, 43), 103, 104, 105, 110 (5, 6), 111 (12, 14), 112 (22), 113 (28, 29, 30), 114, 115 (32d-g), 116 (34, 35, 36), 117 (37, 41, 44), 119, 126 (2a, 3, 7), 127 (8d, 10), 128 (13, 14), 129 (15, 16, 17), 130 (18), 131 (20g, 20j, 23), 132 (24, 25, 26a, 26b), 133 (29,30, 31/32), 135, 136, 139, 142 (7), 143 (15, 19, 22), 151, 158 (2, 5), 159 (7b, 8), 160 (12), 161 (16, 17d, 18d, 18g), 167 rechts, 177 (26c), 179 (3, 4, 5e, 6), 171 (7, 8), 172(11, 14, 15, 17), 173 (18, 19), 174 (20, 21, 23), 175 (26b, 26d, 26f), 176 (27, 28, 29a, 31), 178, 179, 183, 186 (4, 5), 187 (12/13, 14, 16e-h), 188 (20/21, 22, 23), 189 (26, 28), 190/191 (29p-t), 192 (35, 36, 37), 193 (38, 40, 41), 194, 197, 199, 202 (2, 4, 7a, 7b), 203 (8a, 14, 16e, 19), 204 (21, 22h), 205 (30, 32), 206 (34/1–4, 34/5–8), 207 (34/19–21, 35), 208 (36), 209 (38, 40, 41)
Christoph Kraneburg: 99 (30)
Rheinisches Bildarchiv Köln (RBA): S. 12, 16, 17, 20, 21 links, 59 oben, 79, 121 rechts, Umschlaginnenseite vorne
Rudolf Schwarz: S. 22
Angelika Solibieda: Karte Umschlaginnenseite hinten
Alle übrigen Fotos Hiltrud Kier und Archiv Kier

Fotos Buchrückseite: Tympanon St. Cäcilien (vgl. S. 60 und 67); Chor, St. Georg (vgl. S. 85); Farbfenster von Markus Lüpertz, St. Andreas (vgl. S. 35)
Titelabbildung: St. Maria im Kapitol, Krypta, Foto: H. G. Esch

ST. ANDREAS, FARBFENSTER IM MARIENCHOR VON MARKUS LÜPERTZ 2009-10 (VGL. S. 38).